# Ren Geyikleri Sörf Yapar, Kelebekler Mors Alfabesi Kullanır

Augustus Brown

Türkçesi: Nuray Önoğlu

hitkitap

Augustus Brown
***Ren Geyikleri Sörf Yapar, Kelebekler Mors Alfabesi Kullanır***
*Why Pandas Do Handstands?*
Türkçesi: Nuray Önoğlu

Yayına Hazırlayan
Seyfi Öngider

ISBN 978-9944-198-26-4
Ekim 2009, İstanbul



Yayın Koordinatörü: Gülşen Ülker
Kapak Tasarımı ve Sayfa Düzeni: Ebru Öner

Kitap Matbaası'nda basılmıştır

Merkez
Fener Kalamış Cad. No: 93/7
34726 Kadıköy-İstanbul
Tel: 0216 449 98 05 pbx Faks: 0216 348 00 69
hitkitap@hitkitap.com www.hitkitap.com

Dağıtım
Alemdar Mah. Çatal Çeşme Sok.
No:30 Kat:2 Fırat Han Cağaloğlu-İstanbul
Tel: 0212 513 81 57 Faks: 0212 511 62 52
İnternet Satış: www.kuraldisi.net

Gabriella, Thomas ve Cilene'ye

# İÇİNDEKİLER

## ÜÇÜNCÜ BÖLÜM
## KUŞLAR VE ARILAR



## DÖRDÜNCÜ BÖLÜM
## AİLE SORUNLARI



## BEŞİNCİ BÖLÜM
## HAYAT MEMAT MESELESİ

## ALTINCI BÖLÜM
## ÇALIŞMA, DİNLENME VE OYUN



## YEDİNCİ BÖLÜM
## SOSYAL HAYVANLAR

## SEKİZİNCİ BÖLÜM HAYVANLAR PEK APTAL DEĞİLLER



## DOKUZUNCU BÖLÜM TEMEL İÇGÜDÜLER



## ONUNCU BÖLÜM HAREKET ETME



## ON BİRİNCİ BÖLÜM EVRİMİN ÇOCUKLARI

# ÖNSÖZ

NESİLLER ÖNCE, en zeki insanlar bile, hayvanları donuk ve en azından biz insanlara kıyasla ilginç olmayan yaratıklar sayar ve dikkate almazlardı.

Örneğin, Mark Twain insanın "yüzü kızarabilen ya da kızarma ihtiyacı duyan tek hayvan" olduğunu savunmuştur. Öte yandan D.H. Lawrence ise insanı "yeryüzündeki korkulacak tek hayvan" olarak tanımlamıştı. G.K. Chesterton ise, hiç kuşkusuz elinde bir içki kadehiyle şunları yazmıştı: "Hiç bir hayvan sarhoşluk kadar kötü veya içki kadar güzel bir şey icat etmemiştir."

Chesterton eğer ne kadar yanıldıklarının farkında olsa, herhalde en sertinden bir duble daha viski atardı.

Besbelli ki, Bay Chesterton mayalanmış elmaları yiyerek körkütük sarhoş olmuş bir İskandinavya geyiğiyle ya da böğürtlen yiyerek sersemlemiş bir kuş sürüsünün cam bir kuleye bindirmesinin neden olduğu felaketle karşılaşmamış. Ne de, belli ki, Bay Twain cinsel olarak azmış erkek devekuşunun uzun boynunun kıpkızıl yandığını görmüş. Eğer görmüş olsaydı, kendisi bir güzel kızarırdı.

Görünen o ki, Bay Lawrence'a Avustralya box denizanası hiç dokunmamış. Eğer dokunmuş olsaydı, bir hafta boyunca mide bulantısı, yüksek tansiyon ve manik depresyonun bileşiminden oluşan ve insanı... eee, tir tir titreyen bir jöleye dönüştüren korkunç İrukandji sendromundan muzdarip olurdu. Herhalde başına böyle bir felaket gelmiş olsa hayvanlardan sonsuza kadar korkardı.

Her üç beyefendinin de geçerli mazeretleri, henüz elektron mikroskoplarının ve vahşi yaşam belgesellerinin, *National Geographic* kanallarının olmadığı ve bilgisayarların köpeklerin DNA'sını çözmemiş olduğu bir başka çağda yaşamış olmalarıdır.

Bugün hiç kimse durmaksızın şaşkınlığa uğramadan hayvanlar âlemine bakamaz.

Bilimsel dergiler, vahşi yaşam belgeselcileri veya zooloqlar, hemen her gün yeni bir kavrayış veya buluş ortaya sürüyor. İleri sürdükleri olguların çeşitliliği, önceden tahmin edilemezliği ve düpedüz tuhaflığı bitmek tükenmek bilmez ve bir o kadar da büyüleyicidir. İnekler Beethoven dinletildiğinde daha çok süt veriyor, erkek fare sevgilisine serenat yapıyor, penguenler dışkılarını havan topu gibi fırlatabiliyor, ıstakozlar gangsterler gibi davranıyor ve filler çevreden geçen kamyonların seslerini taklit edebiliyorlar. Gayet açık ki, hayvanların hayatları hakkında pek çok şey söylenebilir ama asla tekdüze oldukları söylenemez.

Bu kitapta, hayvanlar hakkında halen bilinen bazı tuhaf, olağandışı ve bazen de inanılması zor şeyler derlenmiştir.

En başından görüleceği gibi, bu kitap bilgi vermeyi ve eğitmeyi ama daha da önemlisi eğlendirmeyi amaçlıyor. Bu nedenle, kaynak belirtme konusunda titizlik gösterir ve her konuda bilimsel doğruluğu korumaya çalışırken ukalalığın, kitabın esas amacı olduğuna inandığım eğlendirme ve merak giderme yönünü tıkamadığını umuyorum.

Böyle yapmak, bir kuşağın daha hayvanları ilginç bulmaması gibi bir tehlikeye kapı açmak olurdu. Ve hiç kuşkusuz amacımız bu değildir.

Augustus Brown
London, Easter 2006

BİRİNCİ BÖLÜM

# Hayvanlarda Konuşma

## Hayvan İletişimindeki Görülmemiş Beceriler

*Hayvanların en iyi tarafı*
*fazla konuşmamalarıdır.*

THORNTON WILDER, *The Skin of Our Teeth*

DOĞRUSU, DÜŞÜNÜRKEN kendimizi duyabiliyor olmamız bile şaşırtıcıdır. Hayvanlar her yerde yiyecek, seks ve yavrularının bakımı hakkında gevezelik ederek; yurtlarının güvenliğine dair çok gizli mesajlar ileterek veya sadece etraftan geçen yabancılar hakkında aylak aylak dedikodu yaparak; tümü de bir dizi dahiyane, çoğu kez şaşırtıcı dilde derin bir iletişim içindeler. Hayvanlar haberlerini hımlayarak, sağa sola vurarak, şarkı söyleyerek veya dans ederek verir; işaret sistemleri ve renk şifreleri kullanır, kimyasal koku ve salgılar yayarlar. Görünüşe göre, hemen her şey hayvanlar için bir konuşma aracıdır; yellenmek bile.

# VÜCUT DİLİ

## Hayvanlar İletişim Kurmak için Anatomilerini Nasıl Kullanır?

RİNGA BALIKLARI gaz çıkararak iletişim kurarlar. Ringalar, anüslerinden gaz çıkararak yüksek frekanslı ses patlamaları oluşturur. Bu eylem, aynı zamanda diğer ringaların görebildiği bir baloncuk akıntısı da meydana getirir.

Ringa balıkları bu işi öncelikle karanlıkta ve çevrelerinde çok sayıda balık varken yaparlar. Bilim insanları ringa balıklarının sesleri duyabildiğini ve birbirleriyle bulundukları yer hakkında haberleştiklerini düşünmektedir. Araştırmacılar ringa dilini Hızla Tekrarlanan Takırtılar ya da HTT* olarak adlandırmaktadır.

Yılanlar, düşmanlarını korkutmak için ansızın gaz çıkarırlar. Güneybatı ABD'de Sonora Mercan Yılanı ve Batı Kancaburun Yılanını inceleyen bir bilim insanı, bu yılanların dışkılamak ve cinsel birleşme amacıyla kullandıkları kloakalarından bir gürültü çıkardıklarını işitmiştir. Araştırmacı bu gürültünün hava kabarcıkları yüzünden çıktığı ve yellenme sonucu olduğu yargısına varmıştır.

Kerevitlerin birbirlerine tehlike olduğunu haber vermekte kullandıkları, hızlı ve etkin bir yöntemleri vardır. Bir yırtıcı gördükleri anda mesanelerini boşaltırlar.

---

* İngilizcesi Fast Repetitive Tick ve kısaltılmış hali de FRT'dir. Bu da yellenmek fiilinin İngilizcesi olan "Fart" sözcüğünü çağrıştırır-ç.n.

Istakozlar bu dili bir adım daha ileri götürmüşlerdir: Istakozlar birbirlerinin suratına işeyerek iletişim kurarlar. İdrar, istakozun gözünün yanında bulunan minik memeciklerden püskürtülür ve genellikle flört veya kavgaya dair mesajlar ileten kimyasallarla yüklüdür.

Çizgili sincaplar da işeyerek birbirlerine önemli bilgiler aktarırlar. İşaretleme sistemleri, yalnızca nerelerde yiyecek bulunduğunu değil, aynı zamanda yiyeceğin tüketilmiş olduğu alanları da belirtmelerine olanak verecek ölçüde gelişkindir.

Tarla fareleri, çevrelerini idrarla işaretlemek suretiyle birbirleriyle iletişim kuran bir başka türdür. Tarla farelerinin en baş düşmanlarının kerkenez gibi avcı kuşlar olduğu hesaba katılırsa bunun, ne yazık ki, en güvenilir haberleşme biçimi olmadığı anlaşılır. Tarla faresinin idrarı morötesi ışıkta görülebilir ve kerkenezler de morötesi görüş kullanarak görme yeteneğine sahiptirler. Kerkenezlerin tarla farelerinin hareketlerini izledikleri zamanlarda farelerin nüfusunda önemli düşüşlerin olması şaşırtıcı değildir.

Bilim insanları, fillerin yerden titreşim iletmek yoluyla birbirleriyle haberleştiklerine inanmaktadır. Altı ton ağırlığındaki filler, ayaklarını yere vurarak ve saldırma taklidi yaparak yerleri dövmek suretiyle 32 km mesafeye kadar mesaj iletebilirler; bu ise, havadan iletilen sesin ulaştığı mesafenin çok üzerindedir. Titreşimle yollanan mesajları diğer filler anten görevi yapan ayaklarıyla algılarlar. Bilim insanları, kilometrelerce ötede başka filler katledildiği sırada aksi yöne.kaçan filleri gördüklerini belirtiyor. Onlara göre, bu filler, kendi sürülerinden fillerin ölürken yolladıkları ayak mesajları aracılığıyla tehlikeye karşı uyarılmışlardır.

Afrika filleri, ayrıca sesleri taklit etme yeteneğine sahiptirler. Bilim insanları bu filleri, başka seslerin yanı sıra, yakındaki karayolundan geçen kamyonların seslerini taklit ederken de kaydetmişlerdir. Bunu ne sebeple yaptıkları ise halen bilinmemektedir.

Kangurular kuyruklarını kullanarak iletişim kurarlar. Eğer kırmızı kanguru grubundan bir kanguru bir avcı görecek olursa ya ayağını yere vurur veya iri, ağır kuyruğu ile yeri döver. Bu, grubun geri kalanına kaçmaları ve saldırgana karşı kendilerini koruma işini sürünün lideri olan erkek kanguruya bırakmaları için verilmiş bir işarettir.

Kangurular, az sayıda ses de çıkarırlar. Örneğin kırmızı kangurular tik sesi çıkarırken, yavrusunu çağıran dişi gri kanguru gaklar. İki erkek kapışırken, birisinin öksürme sesi çıkarması teslim olduğu anlamına gelebilir.

Kostarika'da bulunan ender bir sürüngen olan altın kurbağanın kendine özgü işaretleri vardır. Ön ve arka bacaklarıyla yavaş ve dairevi hareketler yaparak, diğer kurbağalara gideceği yönü bildirir. Bilim insanları, kurbağaların "Sana doğru geliyorum" ve "Seninle ilgileneceğim, sana bakacağım" gibi mesajları alıp verdiklerini düşünüyor.

Mürekkepbalıkları göz kırpar; arka taraflarında bulunan karmaşık desenleri hareket ettirebilirler.

Bu desenlerin arasında, göze benzeyen iki tane siyah nokta vardır ve bu noktaları sanki göz kırpar gibi açıp kapayarak bulundukları yeri belirtirler.

# Ses Şampiyonları

## *Kuşlar, Balinalar ve Diğer Yıldız Şarkıcılar*

Bilim insanları iki çalıkuşu türünün ötüşlerini yavaşlatarak dinlediklerinde bu kuşların klasik müzik şakıdığını keşfederek şaşkınlığa uğramışlardır. Beyaz göğüslü bir orman çalıkuşu, Beethoven'in 5. senfonisinin bildik "Da-da-da-daaahh" ezgisini söylerken; kanyon çalıkuşu, neredeyse Chopin'in "Devrimci" Etüdü'nün tıpkısı olan, heyecan verici bir nota şelalesi şakımıştı. Bestecilerin kuşlardan ilham alıp almadığı belli değil; ancak, en azından Mozart, kendisine ilham verdiği gerekçesiyle, evinde beslediği sığırcık kuşunu anma ihtiyacı duymuştur. Kuşu, yeni bestelemekte olduğu G Majör Piyano Konçertosu'nu, tizleri peslere dönüştürmüş olarak, olduğu gibi tekrarlayınca Mozart kuşun besteyi geliştirmiş olduğunu kabul etmiş ve sığırcığın değişikliklerini dikkate almıştır. Bilim insanları kuşların da biz insanlarla aynı nota kombinasyonlarını, ritimleri ve perde permütasyonlarını kullandıkları kanısındalar.

Kuşlar orkestralarda kullanılan pek çok enstrümanla benzer sesler çıkarırlar. Örneğin, Avustralya'nın elmas alev-kuyruklu ispinozunun şakıması obua sesine benzer. Beyaz karınlı yeşil imparator güvercini veya çilek ispinozunun sesi kolaylıkla flüt sesi sanılabilir. Potoo kuşu fagot gibi öterken, Batı Yeni Gine'nin taçlı güvercini bir tubanın çıkaracağı seslerle eşine kur yapar.

Kuşlar âleminin en iyi taklitçilerinden ikisi, başka kuşların ötüşlerini mükemmelen taklit edebilen Asya papağanı ve Avustralya lir kuşudur. Ancak şampiyon taklitçi unvanı muhtemelen alaycı kuşa aittir. Bir yıla yakın bir süre erkek bir alaycı kuşunu gözlemiş olan bir kuş gözlemcisi, bu kuşun; martıdan, atmacaya, karatavuktan, ardıç kuşuna yirmi beş ayrı kuşun ötüşünü taklit ettiğini işitmiştir. Bazı kişiler alaycı kuşu gıcırdayan bir kapının sesini ya da kedi miyavlamasını taklit ederken işittiğini iddia etmektedirler.

Kuş bilimciler alaycı kuşun yeteneğinin karşı cinsin ilgisini çekmeye yönelik olduğunu düşünüyor. Dişiler, repertuarı en geniş olan erkeğe kapılmaktadır; çünkü bu yetenek bir eş olarak formda olduğunun göstergesidir. Ayrıca, dişiler pekâlâ, "Bu erkek kuş diğer kuşlar hakkında bu kadar çok şey bildiğine göre, yiyeceklerini nerelerde sakladıklarını da biliyordur" diye düşünüyor olabilirler.

Bülbüller doğada var olan en iyi müzik kulağına sahip canlılar olabilirler. Bülbüller, altmış farklı "cümle" içeren çok karmaşık müzik parçalarını tekrar edebilir. Bülbüllerin ötüş yeteneği gerçekten olağanüstüdür, repertuarları dokuz yüz ayrı melodi içerir.

Erkek kuşlar daha erkeksi görünmek için sabahın köründe öterler. Kuşlar gün boyunca tıkınmak ve sonra da bütün gece de aç durmak eğilimindedir. Bu nedenle, kuramsal olarak, sabah en zayıf hallerinde olmaları beklenir. Erkek kuş, şafakta güçlü bir şarkı söyleyerek hâlâ enerji dolu olduğu mesajını iletir.

Bazı kuş türleri diğerlerine kıyasla daha erken saatte şakımaya başlar. Örneğin, karatavuklar ve ötücü ardıç kuşları, şafak şarkılarına, ispinoz ve mavibaştankaralara göre bir buçuk saat daha erken başlar. Bilim insanlarına bakılırsa bir kuş türünün gözleri ne kadar büyükse o kadar erken ötmeye başlıyor. Çünkü şakımak sadece olası eşleri cezp etmeye yaramaz, aynı zamanda baykuş gibi can düşmanlarının dikkatini üzerine çekmeye de yarar. Ötmeye devam ederken bir saldırı olup olmadığı konusunda gözlerine güvenmeleri zorunludur. Daha küçük gözlü olanlar güvenliklerini sağlamak için daha fazla güneş ışığına ihtiyaç duyarlar.

Kuşlar, şarkılarını kuşaktan kuşağa aktarırlar. Tropikal çalıkuşları bu işi cinsiyet bazında yapar. Babalar kendi ezgilerini oğullarına, anneler ise kızlarına aktarır.

Dişi ötücü kuşlar, erkek kuşlara kıyasla daha hızlı öğrenirler. Bir araştırmaya göre, dişi kardinal kuşu seçilmiş belli sayıda müzik parçasını erkeğin öğrenme süresinin üçte biri kadar bir zamanda öğrenmiştir.

Ender bulunan bir Güney Amerika kuşu köpek gibi havlar. 1997'de "Jocotoco antpitta" olarak bilinen bu kuşu Güney Ekvator'da bulan kuşbilimciler, bu garip sesi yaşama sahasına giren davetsiz misafirleri uyarmak için çıkardığı kanısındalar.

Kuşlar, yaşama alanları için kavgaya tutuşup zafer kazandıklarında koro halinde zafer şarkıları söylerler.

Fildişi Kıyısı'nda yaşayan tropikal boubou kuşları, bir davetsiz misafiri kendi alanlarından kovaladıktan sonra, çiftler halinde, zaferlerini ilan etmek için özel bir düet yaparlar. Araştırmacılar, bu özel düetin, diğer bouboulara görüş sahasının temiz olduğunu bildirmeye ve onları olası saldırganlara karşı uyarmaya yaradığı kanısındalar.

Baykuşlar, yağmur yağdığında daha çok bağırır. Yağmurlu hava, ağaçlık alanlar ve ormanlardaki akustik üzerinde azaltıcı etki yapar. Hava yağışsızken baykuşun sesinin işitilmesi olasılığı yağışlı havalara kıyasla yetmiş kez daha fazladır.

Kuşların çılgınca ötmesi komik değildir. Erkek dalgıç kuşunun inişli çıkışlı, kendine özgü çılgınca bir ötüşü vardır ki, bilim insanlarına göre, diğer kuşlara yönelik açık bir tehdittir. Bir bilim insanına göre, dalgıç kuşunun bu ötüşünün tercümesi şudur: "Yanıma bir yaklaş da bütün tüylerini tek tek yolayım!" Nadiren, dalgıç kuşları yeni bir yuvaya taşındığında ezgilerini tamamen değiştirirler. Görünüşe göre, bunu, çevredeki kuşları kendilerine bulaşmamaları konusunda uyarmak ve deyim yerindeyse, "dalgıç kuşunun da karanlık bir tarafı var, dikkat edin" demek için yapıyorlar.

Bronz kanatlı jakana kuşlarının erkeği, dişi tarafından yönetilen bir haremde yaşar. Erkekler dişinin dikkatini çekmek için rekabet ederken acı acı bağırırlar.

Yedikleriniz sesinizi etkiler; en azından eğer bir kuş iseniz, bu böyledir. Müzik enstrümanlarında olduğu gibi, kuşlarda da farklı gaga türleri, farklı sesler çıkarır. Sert çekirdekleri kırmaya yarayan okkalı gagalar, böcek yakalamaya yarayan zarif gagalara kıyasla daha kalın ve az karmaşık sesler çıkarır. Bu nedenle, iri gagalı kuşlar, daha zarif gagalı kuşlar kadar geniş zenginlikte ezgilerle ötmez ve seslerini titreterek şakıyamazlar.

Kuzey Amerika'da yaşayan bir cins baştankara olan kara şapkalı *chickadee* (çikadii) kuşu, adını, sürüsünün maruz kaldığı tehdidin derecesini gösteren bir uyarı çığlıkları sistemi olan, ünlü ötüşünden alır. Yumuşak, yüksek perdeli "si-it" sesi, baykuş ve atmaca gibi havada bulunan avcılara ilişkin olarak diğer chickadeeleri, saklanmaları ve "her şey yolunda" uyarısı gelene kadar yerlerinden kıpırdamamaları için uyarır. Tam bir "çiik-a-dii" ötüşü, bir dala konmuş bir baykuş ve benzeri, hareket halinde olmayan bir avcıyı işaret eder. Chikckadee kuşları bu çağrıyı duyduklarında bir araya toplanırlar ve uçup gitmek zorunda bırakana kadar düşmanlarını sıkıştırırlar. Kimi zaman, bu uyarıyı tanıyan sıvacıkuşu ve ağaçkakanlar da onlara katılır. Uyarı çağrılarının en önemlisi ise, chickadeelerin kurtulmakta zorlandıkları cüce baykuşlar gibi yırtıcı kuşlara ayrılmıştır. Bu durumda, "çiika-dii" çığlığı, aralıklarla fazladan birçok diiii içerir ve diğer kuşlara hayatları pahasına kaçmaları için işaret verir.

En kalın sesli kuş Avustralya'ya özgü, uçamayan ve devekuşunun ardından ikinci en büyük kuş olan Cassowary'dir. Karada yaşayan hayvanlar arasında bir tek fil tarafından da kullanılan, ses altı alçak frekansı kullanır. Yirmi üç hertze kadar incbilen bu ses, biz insanların duyma eşiğinin en alt sınırıdır.

Kambur balinalar yirmi dört saat boyunca durmaksızın şarkı söyleyebilirler. Bu balinalar en azından yedi oktav ses aralığında şarkı söyleyebilir. Bununla birlikte, nota aralıkları insanların kullandıkları gamlarla aynıdır. Sonuç olarak, balinaların şarkıları, türkülerden klasik sonatlara kadar, insanların kullandıkları bazı müzik çeşitleriyle aynı ritim ve kalıplardan oluşur. Bilim insanları balinaların hayranlarını artırmak için sürekli yeni temalar bestelemeye devam ettiği sonucuna varmışlardır. Erkek kambur balina en yaratıcı şarkı yazarıdır ve kafiyeli gazellere benzeyen şarkılarda uzmanlaşmıştır.

Mavi balinaların çıkardığı düşük frekans titreşimleri 188 desibel kadar yükseğe çıkabilir -ki bu da bir jet motorunun yaptığı gürültüden daha fazladır. Bu sesler 800 kilometre öteden hissedilebilir. Yüzgeçli balinalar birbirlerinden üç bin kilometre uzaktayken bile iletişim kurabilirler.

Erkek cüce minke balinaları çok garip bir ses çıkarırlar. Çıkardıkları karakteristik ba-ba-boinnnnnnggg sesi bir lazer silahının sesine benzer ve bu yüzden, bu sese *Yıldız Savaşları Çağrısı* adı verilmiştir. Minke balinasının, diğer balinaları kendinden uzak tutmak için bu sesi çıkardığına inanılmaktadır.

Katil balinalar birbirleriyle iletişim kurmak için farklı diyalektler kullanırlar.

Pop müzik gibi balina şarkılarının da modası vardır. Avustralya'nın Pasifik Okyanusu kıyılarında yaşayan balinalar, Hint Okyanusu tarafında yaşayan ve yollarını şaşırarak Pasifik sularına düşmüş bir balina sürüsüyle karşılaştıklarında ziyaretçilerinin şarkılarından çok etkilenmiş ve bir yıl içinde kendi eski şarkılarını bırakarak Hint Okyanusu balinalarının şarkıların söylemeye başlamışlardır.

Bilinen balina şarkıları içinde en olağandışı olanının sırrı hâlâ çözülmüş değildir. Okyanuslarda 1992'den beri duyulmakta olan bu şarkı, bilinen balinalardan hiç birinin şarkı kalıplarına uymadığı gibi diğer balinaların 15-20 hertz olan olağan ses frekanslarının çok üzerine, 52 hertz frekansa kadar çıkmaktadır. Bu balinaların göç yolları da benzersizdir ve bu nedenle bazı bilim insanları, bu seslerin henüz keşfedilmemiş yeni bir memeli türüne ait olduğunu ileri sürüyor.

Balıklar şarkı söyler. Erkek düzyüzgeçli denizyarsubayı dişileri cezp etmek için geceleri şarkı mırıldanır. Şarkıları öylesine kendine özgüdür ki bir başka adları Kaliforniya Şarkıcı Balığı'dır. Yavru balıklar mırıldanamaz. Yalnızca mızıldanırlar.

Yunus balıkları ıslık çalar. Her yunus balığının, diğerlerinin kendisini tanımasını sağlayan, kendisine özgü bir sesi vardır. Aynı zamanda, yunuslar yetenekli taklitçilerdir ve birbirlerinin ıslıklarını yansılayabilirler. Bu yeteneklerini, yabancı ortamlarda, tanıdık olmayan yunus balıklarıyla iletişim kurmak için kullanırlar.

Fare gibi sessiz deyimi, farelerin, arada bir ciyaklamaları bir yana, epey ses çıkarttıkları dikkate alınırsa, yanıltıcıdır. Yapılan bir araştırma erkek farelerin, dişi farelerin yaydığı kokuya karşı ultrasonik sesler yayarak tepki gösterdiğini ortaya çıkarmıştır. Araştırmacılar bu sesleri yavaşlatarak dinlediklerinde, bunların düpedüz şarkı oldukları anlaşılmıştır. Farelerin olası eşlerine serenat yaptığı düşünülmektedir.

Sıçanlar birbirlerine gizlice ıslık çalar. Kemirgenler, gırtlaklarının derinlerinden ultrasonik sesler çıkarırlar. Islıkların frekansı, yalnızca diğer fareler tarafından duyulmalarını, ancak saldırıya hazır potansiyel avcılar tarafından fark edilmemelerini garanti eder.

Bazı kurbağalar bir şarkıcının gırtlağına sahiptir. Çin kurbağalarının yetenekli bir türü, bir dizi ses akrobasisi yaparak maymunlarınkine benzeyen homurtulardan, kuş seslerine ve balinalarınkine benzeyen alçak frekanslı seslere kadar çeşitlenen biçimde şarkılar söyleyebilir. Bu kurbağalar, bu müthiş yeteneklerini, kurbağalarda olağan olarak bulunan bir tek ses torbası yerine iki ses torbasına sahip olmalarına borçludurlar.

Dişi kurbağalar ve cırcır böcekleri eşlerini "erken gelen, erken alır" ilkesi uyarınca seçtikleri için, erkek kurbağa ve cırcırböcekleri, muhtemel bir eşi kaçırmamak için hep bir ağızdan öterler. Yalnızca hep bir ağızdan ötmekle kalmaz, kurbağa ve cırcırböceği koroları oluşturarak, mümkün olan en yüksek, sağır edici sesleri çıkarırlar. Kuzey Amerika kurbağasının acayip gümbürtülü bir sesi vardır. Bunun nedeni de kulaklarını hoparlör gibi kullanmalarıdır.

Doğal olarak daha az talihli hayvanlar kendi hoparlörlerini kendileri yaparlar. Bazı tür erkek cırcırböcekleri dişilerine, kuma kazdıkları oyuklardan serenat yaparlar. Oyukların açıklığını, özellikle hava yağışlı ise, boynuz şeklinde yaparlar ki, sesi yükseltsin. Başka cırcırböceği türleri ise seslerini yükseltmek için yaprakları kullanırlar.

Kurbağalar tahtadan nefesli çalgılar çalarlar. Borneo'nun yağmur ormanlarında keşfedilen bir türün, içinde yaşadığı ağacı bir müzik enstrümanı olarak kullandığı anlaşılmıştır. Bu kurbağa dişilere kur yaparken ağacın gövdesinde bulunan su dolu bir kovuğun içinde yarıya kadar suya batmış bir halde oturur. Şarkıya başladığında, tıpkı insanların banyoda rezonans yapan sesi bulana kadar mırıldanmaları gibi, notaların yükseklik ve uzunluklarını, ağaçla rezonans yapacak şekilde, sesinin şiddetini artırıp azaltarak ayarlar. Bilim insanları, bunu olası eşlere daha seksi görünmek için yaptığını düşünüyor. Herhangi bir müzik aletini bu kadar etkin şekilde çalan bir başka hayvan henüz bilinmiyor.

İğneli ıstakozlar kendilerini keman gibi çalabilir. Istakozlar, tehdit edilmiş hissettiklerinde veya bir şeye itiraz etmek istediklerinde antenlerinin altında bulunan ve mızrap denilen uzantılarını, gözlerinin altında bulunan bir dizi çıkıntıya sürterler. Bu hareket bir kemancının, keman yayını kemanın tellerine sürtmesine çok benzer. Çıkan ses bir tehlike ya da protesto işareti olarak işlev görür.

Dağ sıçanı hemcinslerini tehlikeye karşı uyarmak için ıslığa benzer bir ses çıkarır. Bu nedenle bir başka adları da "ıslık çalan domuz"dur.

Yeni Gine şarkıcı köpeği benzersizdir. Diğer köpekler gibi havlamasının yanı sıra, kuş sesleriyle balina şarkılarının bir karışımı olan bir seri başka ses de çıkarır.

# Karınca Yuvaları Canlıdır

## Hayvanlar Nasıl Vızıldar, Takırdar, Sıçrar ve Vurur?

Müzik, birçok türü kanatlarını titreterek ritmik bir vızıltı çıkaran böcekler dünyasında, her yerdedir. Örneğin, karasinek kanatlarını saniyede 345 kez çırparak, orta oktavlı fa forte bir vızıltı çıkarır. Kraliçe balarısı vak sesinden düdük sesine kadar çeşitlenen sesler çıkarır. Vaklama, yuvada kendisine meydan okuyan birinin varlığına işaret eder. Bir başka arı türü, melipona, kovanındakilere yiyecek kaynağı konusunda rehberlik ederken, vızıltılardan oluşan bir "Mors alfabesi" kullanır.

Pek çok hayvan birbirlerine titreşim göstererek iletişim kurar. İyi ve kötü haberleri titreşimle bildiren hayvanlar arasında kurbağalar, bukalemunlar ve termitler vardır. En etkileyici sesi çıkaranlar ise, belki de, Kosta Rika sokucu böcekleridir. Erkekler, ortaklaşa çalışarak bitki yapraklarını titreştirir ve tuba sesine benzeyen bir ses çıkmasını sağlarlar.

Karıncaların farklı müzik çeşitleri vardır. Davul çalma -yahut vücut repi- ağaçlarda ve kurumuş selülozdan yapılı yuvalarda yaşayan türler arasında yaygındır. Bu karıncalar, ön çene kemikleriyle ve sırtlarıyla yuvalarının duvarlarına 50 milisaniye aralıklarla yedişer vuruş yaparlar.

Tırtıllar step dansı yapar. Biyologlar, kelebek tırtıllarının bitkilerin sap ve yaprakları üzerinde dans ederek, kendilerini avcı yabanarılarından koruyan karıncaların dikkatini çektiğine inanıyor.

Balarıları da dans ederek iletişim kurar. Diğer arılara, yiyeceğe ulaşmak için hangi yöne ve ne kadar uzağa gitmeleri gerektiğini bildirmek için sallanarak dans ederler. Titrek bir başka dansla da, diğer arılara kovanda yeterince nektar bulunduğunu ve daha fazla nektar getirmek için uçmalarına gerek olmadığını bildirirler. Balarıları yiyecek buldukları zaman vücut ısılarını yükselterek de iletişim kurarlar.

Kör sıçanlar, başlarını yaşadıkları tünelin tavanına vurmak suretiyle birbirleriyle iletişim kurar. Bu hareket, diğer sıçanların anlayabildiği bir sismik tepki yaratır. Bilim insanları, sıçanların bu yöntemi ne kadar tünel kazmış olduklarını ölçmek için de kullandıklarından şüphe ediyor.

Arılar, sıcak havalarda daha az vızıldar. Balarısı kanatlarını çırpma hızını azaltarak vücudunu serinletir ve böylece aşırı ısınma tehlikesini azaltır.

Ahşapları yiyerek tüneller oluşturan meşhur dev tosvuran böceklerinin (*Xestobium rufovillosum*) çıkardıkları tos vurma sesleri, aslında bir cinsel iletişim yoludur.

Kelebekler, Mors alfabesiyle gözdağı verirler. Bilim insanları uzun kanatlı mavi ve beyaz kelebeklerin başka kelebek türleriyle karşılaştıklarında bir dizi çıtırtılı sesler çıkardıklarını işitmişlerdir. Uzun kanatlı kelebekler, bu çıt seslerini başka türlere karşı kullandıkları gibi, birbirleriyle iletişim kurmak için de kullanırlar.

# SON DEDİKODULAR

## *Hayvanlar Ne Hakkında Konuşur?*

KUZEY VE ORTA AMERİKA'da yaşayan ve çayır köpeği adı verilen kemirgenler, gelip geçen yabancılar hakkında gevezelik ederler. Bu kemirgenlerin, çeşitli hayvanlardan kaynaklanan tehlikelere karşı birbirlerini uyarmak amacıyla kullandıkları, özel sözcüklerden oluşan çok gelişmiş bir dilleri vardır.

Kuzey Arizona Üniversitesi'nden bilim insanları çayır köpeklerinin seslerinin oluşturduğu bir tür şifreyi çözümlemişlerdir. Bu seslerin oluşturduğu işaretler arasında bulunan keskin notalı bir işaret "tepede bir şahin var", tekrarlanmalı bir işaret grubu "çakal alarmı" ve karışık uzun notalar ve havlamalardan oluşan işaret ise "yaklaşan insan var" anlamına gelmektedir.

Bu araştırmacılar, çayır köpeklerinin egemenlik alanlarını ilan etmek amacıyla kullandıkları sesleri çıkarırken çok heyecanlandıklarını, arka ayakları üzerine kalkarak uluduklarını, hatta daha da heyecanlanarak havalara sıçrayıp taklalar attıklarını tespit etmişlerdir.

En dikkate değer keşif ise çayır köpeklerinin inekler gibi kendileri için hiç bir tehlike arz etmeyen hayvanlar için de kimi sesler çıkardıklarının anlaşılmasıdır. Çayır köpekleri, bilim insanlarının yanlarında getirdiği bir tahta nesne için bile yeni bir sesleniş icat etmiştir. Bilim insanları bu gelişkin sosyal hayvanların birbirlerine göz kulak oldukları gibi, gündelik hayatta olup bitenler hakkında gevezelik etmekten de hoşlandıkları sonucuna varmışlardır.

Şempanzeler yiyecekler hakkında konuşurlar. Edinburg hayvanat bahçesinde yapılan bir araştırma şempanzelerin değişik yiyeceklere ilişkin iletişim kurarken çeşitli tiz ya da pes seslerden oluşan homurtular çıkardıklarını ortaya koymuştur. Maymunlar, tiz sesleri hoşlarına giden ekmek, pes sesleri ise pek o kadar hoşlanmadıkları elma gibi yiyecekler için kullanıyordu.

Dişi babunlar cinsellik hakkında konuşurlar. Yaşamış oldukları cinsel deneyimden ne kadar çok zevk almışlarsa konuşurken o kadar çok gürültü çıkarırlar. Çiftleşme sonrasında dişiler makineli tüfek sesine benzeyen yüksek homurtular çıkarır. Bazı biyologlar, bu seslerin cinsel ilişkide bulundukları erkeğin niteliği ile de ilişkili olduğu kanısındadır: Erkeğin statüsü ne kadar yüksek ise homurtular da o kadar yoğundur. Biyologlara göre, bu, dişinin üstün kaliteli spermlerin yumurtalarını döllemesini sağlamak için kullandığı bir yoldur. Dişinin çıkardığı sesler diğer erkekler üzerinde caydırıcı bir etki yapacağı gibi, ayrıca cinsel ilişkide bulunduğu erkeğin gururunu okşayarak kendisini korumasını da sağlayabilir.

Bazı karınca türleri, vücutlarının en arka bölümlerini birbirine sürterek tiz bir cırlama sesi çıkarırlar. Bilim insanları, karıncaları bu işareti değişik şeyleri ifade etmek amacıyla kullandıklarını gözlemiştir. Yaprak kesen karıncaların bir yuva göçtüğünde acil yardım çağrısı yapmak için cikledikleri bilinmektedir. Ayrıca dişiler, sperm depolama sistemlerinin dolduğunu ve çiftleşmeyi bitirmek istediklerini göstermek için de bu sesleri kullanır.

Köpeklerin havlamaları karşı karşıya kaldıkları duruma göre değişir. Köpek kendini tehdit edilmiş, güvensiz yahut fiziksel eziyet altında hissettiğinde yüksek, pes veya kulak tırmalayıcı seslerle havlaması olağandır. Kendini ne kadar tehdit edilmiş hissederse havlama o kadar sıklaşır. Kendini mutlu hissettiği sıralarda, örneğin, oyun oynar ya da güzelce eğlenirken, havlamaları daha müzikal ve tizdir.

Lamalar, sessiz yaratıklar olarak ün yapmış olmalarına karşın, gerçekte birbirleriyle iletişim kurmak için bir dizi ses çıkarırlar. Asıl iletişim araçları hımlamaktır. Farklı hımlamalar, farklı duyguları yansıtır. Örneğin, sıcaktan bunalmış, yorulmuş veya rahatsız iseler hımlama yumuşaktır ve inlemeyi andırır. Meraklıyken hımlama daha kısa ve daha tizdir. Daha uzun tiz hımlama endişeli oldukları veya bir şey yüzünden acı çektikleri anlamına gelir. Son olarak, anne lamalar orta tizlikte, yumuşak bir hımlamayla yavrularını sakinleştirirler.

Lamalar tuhaf bir uyarı çağrısı da yapabilirler. Bir lama uzmanı, bu sesi hindinin glu glu sesiyle, çalıştırılmaya uğraşılan bir araba motorunun sesi arasında bir ses olarak tarif etmiştir.

Lamalar, tahmin edilebileceği gibi, sekse ilişkin bir dizi başka ses de çıkarırlar. Flört eden lamalar, insanların dilini şaklatmasına benzeyen bir ses çıkarırlar. Erkek lama tahrik olduğunda insanların gargara yaparken çıkardığına benzer bir ses çıkarır. Bu ses, bir saat kadar süren çiftleşme sırasında da devam eder.

Seslerin yanı sıra, lamaların birbirlerine haber iletmek için başka bir yöntemi daha vardır. Eğer bir lama bir başka lamayla olmaktan mutlu ise ona tükürür. Ancak, tükürmek en son çaredir. Tükürükleri çürümekte olan çöpünkine benzeyen bir koku ve tat taşır; çünkü lamalar da inekler gibi geviş getirirler. Tükürdükten sonra ağızlarında kalan tat öylesine berbattır ki bu berbat şeyden kurtulmak amacıyla birkaç dakika boyunca ağızlarını açık tutarlar.

Yeşil maymunlar, saldırganın yılan, kartal veya leopar oluşuna bağlı olarak farklı davranır. Eğer saldırgan yılan ise çevrelerini yılana karşı kolaçan ederler. Eğer kartal ise gökyüzünü gözetler ve ağaç dallarından aşağı inerler. Eğer leopar ise alelacele ağaçlara tırmanırlar.

Hamamböceklerinin tıslamalı bir dili vardır. Madagaskar'da yaşayan bir tür hamamböceği, karnının üzerinde bulunan ve spirakl adı verilen bir çift soluma deliğinden hava salmak suretiyle tıslama sesi çıkarır. Erkeklerin daha geniş bir tıslama çeşitliliği vardır; diğer hamamböcekleriyle, birbirinden biçim ve yükseklik bakımından farklı, dört değişik tıslama sesi aracılığıyla iletişim kurarlar. Kur yaparken kullandıkları özel bir tıslama ve diğer erkeklerle aralarında alan ihtilafı çıktığında kullandıkları başka bir tıslama sesleri vardır. Dişiler de, rahatsız edildiklerinde hoşnutsuzluklarını bir tıslamayla belli ederler.

Sincaplar, yalandan imdat isteyen eşlerine kulak asmazlar. Richardson yer sincabı denen bir tür hakkında yapılan bir araştırma, sincapların hemcinslerinin tehlike çağrılarına değişik tepkiler gösterdiklerini ortaya çıkarmıştır. Araştırmacılar, sincapların geçmişte gerçekdışı tehlike çağrısı yapmış olan "yalancı çobanlara" daha az aldırış ettiklerini gözlemişlerdir.

Pandalar çeşitli sesler çıkarır; meleyebilir, cikleyebilir, ciyaklayabilir, inleyebilir, havlayabilir ve korna sesi çıkarabilirler.

Kedilere ilişkin bilimsel araştırmalar, farklı durumlarda kullanılan ve çeşitli duyguları iletmeye yarayan incelikli bir dilin keşfini sağlamıştır. Mırlamak, bir istek yahut selamlama için kullanılırken; hırıldamak, olağan olarak boyun eğmeyi gösteren sosyal bir sestir. Hırlama ve tıslama, tahmin edilebileceği gibi üstünlük durumlarını; acı acı bağırmak ise saldırganlık ya da acıyı gösterir. Tıslamaların ardından, kısa, şiddetli bir haykırış gelebilir.

Kediler avlanırken veya daha sık olarak da, avlanmalarına engel olunduğunda dişlerini takırdatırlar. Tanımadıkları kokulara esneyerek tepki verirler. Son olarak, oyun oynarken ve yemek zamanının geldiğini anladıklarında tiz sesler çıkarırlar. Dişiler, bu tür sesleri cinsel ilişkiden sonra da çıkarırlar.

# Konuşmanın Gücü

## *Harikulade Sesli Hayvanlar*

Yunuslar eşek gibi anırabilir. Gagalı yunuslar, muhtemelen, bu sesi avlarını durdurmak için bir taktik olarak kullanıyor.

Kral kobralar homurdanırlar.

Tırtıllar kükrer. Çengel burunlu tırtıllar egemenlik alanları konusunda hassas yaratıklardır ve alanlarına başkaları girdiğinde gürültü çıkarırlar. Tırtıl, üzerinde yaşadığı yaprağı evi sayar ve evine biri girmeye çalışırsa, evinde hoplar, zıplar çenesi ve vücuduyla yerleri kazır. Eğer işgalci bir başka tırtıl ise iki böcek bir yaygara yarışına girebilirler.

Böcek tabirince tırtıl yaygarası korkutucu olsa gerek. Sessiz bir ortamda tırtılların sesleri beş metre uzaktan bile duyulur. Bu da ayrıca etkili olsa gerek. Bu sesi çıkaran tırtıllar, istilacı böceklere karşı yuvalarının güvenliğini sağlarlar.

Pek çok hayvan en dramatik sesi çıkaran benim diyebilir. Örneğin, kurbağa balığının erkeğinin su altında çıkardığı çiftleşme sesi o kadar güçlüdür ki, su üstündeki insanlar tarafından duyulabilir. Çitalar, köpek ciyaklaması yahut kuş cıvıldamasına benzeyen birtakım sesler çıkarır. Fakat yeryüzündeki en rahatsız edici sesi çıkaranlar, aşağı yukarı tartışmasız şekilde, kulak tırmalayan sesleri beş km. öteden bile duyulabilen uluyan maymunlardır.

Bir cırcırböceği dört yüz metre uzaktan işitilebilir.

Hayvanlar âleminin en şaşırtıcı sesi, belki de, şaklatan karidese aittir. Karides, yalnızca dört cm. uzunluğundaki iri kıskacını şaklatarak fişek patlamasına benzeyen bir ses çıkarır. Bu ses, karidesin avını sersemletecek, hatta öldürebilecek şiddettedir. Bilim insanları bu sesin gücünün kaynağının, karidesin kıskacını kapatırken kıskaçta hapsolan hava kabarcıklarını patlatma biçimi olduğunu ortaya çıkarmıştır.

Kaplanlar bir dizi karmaşık ses aracılığıyla iletişim kurar. Bu iri kediler birbirlerini ikaz etmek için genellikle insanların duyamayacağı frekanslarda homurdanır, tıslar ve hırlarlar. Akustik dağarcıklarındaki en etkili araç düşmanlarını sindirmek için kullandıkları kükremedir. Çalışmalar, bu hayvanların yirmi hertzin altında bir frekansta kükrediğini ve bunun da binalara hatta dağlara nüfuz edebilen bir infrasonik uyarı oluşturduğunu göstermiştir. Bu nedenle, kaplan kükremesi uzun mesafeler kat edebilir ve iki kilometre uzaktan bile işitilebilir. Gel gelelim, bu kükremelerin en dramatik etkisi duyanların üzerinde olur. Kükreme, duyanı şaşırtır ve korkuyla felç eder.

En tuhaf sesli balık, yüzme kesesine karşı kaslarını titreterek davul sesine benzeyen bir ses çıkaran bir tür Atlantik balığıdır. Sesi bir balığınkinden ziyade bir kurbağanınkine benzer ve adını da bundan alır. Kurbağa balıklarının ne zaman ve hangi durumlarda vrakladığı ise halen gizemini koruyor.

Güney Afrika kıyılarında yaşayan Afrika ya da Cape penguenleri, ait oldukları ailedeki bütün diğer üyelerden farklı bir ses çıkarırlar; eşek anırması. Bu nedenle de lakapları eşek penguenidir.

# Kralın Neşesi

## *Köpekler ve Diğer Hayvanlar Mutlu Olduklarını Nasıl İfade Ederler?*

GÜLME, YALNIZCA İNSANLARDA DEĞİL, pek çok türde yaygındır. Oyun oynamakta olan fareler neşeyle cıvıldaşırlar. Köpekler hızla soluyarak güler. İnsanın bu en iyi dostu, insan kulağına çok hareket etmiş bir köpeğin hızla soluması gibi gelen farklı bir soluma sesi çıkarır. Ancak, kayıtların daha dikkatle incelenmesi sonucu, köpeklerin bu sesi çıkardıkları sıralarda, olağan soluk soluğa kaldıkları durumlara kıyasla, çok daha geniş bir frekans aralığında nefes verdikleri anlaşılmıştır. Bilim insanları, bu sesi, köpeklerin diğer köpeklere mutlu ve oyunbaz bir ruh halinde olduklarını iletmek için kullandıklarını düşünüyor.

At "gülmesi" gerçekten gülme değildir. Erkek atlar, zebralar ve akrabaları diğer atgiller, özellikle çiftleşme mevsiminde, bir dişinin çiftleşmeye hazır olup olmadığını anlamaları gerektiğinde, koku duyularını artırmak amacıyla üst dudaklarını kıvırırlar. Bu durum "Flehmen tepkisi" olarak bilinir.

Buzda kayan bufalolar coşkulu sesler çıkarırlar. Bufalolar, donmuş yüzeyler üzerinde, neşeli "gwaaa" sesleri çıkararak kayarken gözlenmişlerdir.

# KILIĞIN ŞİFRESİ

## *Hayvanların Giysileri ve Böylece Diğer Hayvanlara Verdikleri Bilgiler*

ASKERİYEDE OLDUĞU GİBİ eşekarıları da birbirlerini çizgilerine göre rütbelendirir. Eşekarıları için her bir bireyin yüzündeki renkli lekeler ve karnındaki bariz sarı siyah çizgiler, yuvadaki katı hiyerarşinin neresine düştüğünü gösteren işaretlerdir.

Bukalemunlar, yalnızca çevrelerine uyum sağlamak için renklerini değiştirmekle kalmaz, bu yöntemle birbirleriyle iletişim de kurarlar. Erkekler, egemenliklerini ilan etmek için daha parlak renklere bürünürken dişiler seksle ilgilenmediklerini belirtmek için koyu renk alır ya da parlak kırmızı noktalar oluştururlar. Renkleri ne kadar koyulaşırsa, olası eşleri o kadar saldırgan biçimde reddettikleri anlaşılır.

İnsanlar teslim olurken beyaz bayrak sallar ama somon balıkları bunun için koyu renk kullanırlar. Genç Atlantik somon balıkları, birbirleriyle kavga ederken teslim olduklarını belirtmek için karınlarındaki noktaları koyulaştırır.

Kelebekler kendilerini renklerle şifreler. Kelebek tırtılları, kuşlar tarafından yenilmemek için zararlı kimyasallar içeren bitkileri yerler. Kelebeğe dönüştüklerinde, kanatlarında belli renkler taşıyarak zehirli olduklarını ilan ederler. Böylece kuşlar ne pahasına olursa olsun, onlardan kaçınmaları gerektiğini bilirler. Aynı bölgedeki kelebekler, hangi renklerin tehdit ifade ettiğine ilişkin bilgiyi paylaşır ve aynı renk şifrelerine bağlı kalırlar.

Eşek arıları, balmumundan "üniformalar" giyerler. Kendilerini yuvalarındaki balmumuna bulayarak, kendileriyle aynı yuvadan olan arıların, aynı topluluğa ait olduklarını anlamalarını sağlarlar. Eğer balmumuna bulanmadan uçar ve balmumu tabakasıyla kaplı olmadan yuvaya geri gelirlerse saldırıya uğrar, diğer arılar tarafından sokulur ve yuvadan atılırlar.

Sarı bir çizgi sahibi olmak, en azından bir kuş türünde, hiç fena bir şey değildir. Göğüslerinde sarı tüyler olan erkek mavi baştankaralar, yavrularına daha iyi babalık etme eğilimindedir. Sonuç olarak, dişi mavi baştankaralar da bu sarı göğüslüleri diğerlerine tercih ederler.

Bir kuş türü, yeşil-sarı ispinoz, göğüs tüylerine bakarak hangi kardeşlerinin kendisiyle yiyeceğini paylaşabileceğine karar verebilir. Çalışmalar, göğüsteki siyah benek ne kadar büyükse, kuşun o kadar aç olduğunu göstermiştir. Lekeler, aynı zamanda, ispinoz toplulukları içinde statü belirtisidir.

Bir ispinoz topluluğunda kırmızı kafaların sözü geçer. Ender bulunan Avustralya Gould ispinozlarının kafaları kırmızı, sarı ya da siyah olur. Araştırmalar, en saldırganlarının kırmızı kafalılar olduğunu göstermiştir. Sarı ve siyah kafalı olanlar kırmızı kafalılardan korkmakta ve yem yeme sırasında kırmızılar her zaman ilk sırada yer almaktadırlar.

Dişi babunun poposunun büyüklüğü ne kadar iyi bir anne olacağının ölçüsüdür. Gerisi ne kadar büyük ve şişkin ise yavru taşıma yeteneği o kadar büyüktür.

Hayvanlar, uyarıda bulunmak için kimyasal maddeleri kullanır. Örneğin, bir minnow balığı bir yırtıcı tarafından ısırıldığı takdirde, yaralanan derisinden yayılan bir kimyasal madde sürüsündeki diğer balıkları olaydan sonra saatlerce bu alana girmemeleri için uyarır. Bilim insanlarının hayvanlarda korku etkisi yarattığını düşündükleri bu kimyasal maddeyi başka balık türleri de fark edebilirler. Salyangozlar, solucanlar ve denizkestaneleri benzer şekilde kimyasal uyarılar yaydığı bilinen türler arasında yer alır.

Filler kulaklarının arkasındaki guddelerin salgılarını, bir kimyasal iletişim yolu olarak kullanırlar. Genç erkek filler, en azından yılın yarısı boyunca, bal kokarlar. Erkek fillerin cinselliğe karşı ilgileri her yıl birkaç kez, "musth" denilen azma dönemlerinde, artar. Bu süre boyunca, erkekler arasındaki rekabet yoğun ve çoğu kez şiddet doludur. Gözlerinin arasında bulunan bir salgı bezinden, bir dişi ile çiftleşmeye uygun ve hazır olduklarına işaret eden, kahverengi ve kekre bir sıvı salgılarlar. Genç ve cinsel olarak olgunlaşmamış erkek filler, ergin erkeklere dişiler için rekabet içinde olmadıklarını ve bu nedenle onları tehdit etmediklerini gösteren, tatlı ve bala benzeyen bir salgı yayarlar.

İKİNCİ BÖLÜM

# Lüküs Hayat

## Hayvanlar Âleminde Yeme İçme

DOĞADA NEYİ YAHUT daha ziyade de kimi yersen o'sundur. Örneğin, fare ve hamamböcekleri söz konusu olduğunda yakın akraba olabileceğimiz akla geliyor.

Yine de bütün hayvanlar, fırsatçı omnivorlar (hem et hem de ot yiyen canlılar) değildir. Bazıları tuz veya şeker yüklü yiyeceklerden hoşlanırken, bazıları (eğer mümkünse, kurbanının beyninden taze olarak emilmiş) kan ve yağca zengin yiyeceklere bayılırlar. Bazı hayvanlar hazır yiyeceklerle hızla karın doyurmaya mecburken, bazıları uzun ve son derece doyurucu öğlen yemeklerinin keyfini çıkarır.

Tabii, bir de, birlikte kullanılması bela anlamına gelen uyuşturucu ve alkole müptela hayvanlar vardır.

# KİMİ YİYORSAN O'SUN

## Hayvanlar Âleminde Kim Kimi Yiyor?

HAYVANLAR, GERÇEKTEN DE kimi yerse odur. Flamingolar doğal olarak pembe değildir. Dikkat çekici renkleri, yedikleri minicik yeşil alglerin, hazım sırasında pembe renk almasından kaynaklanır. Karidesler de bu çarpıcı renge katkı sağlar.

Kimi yiyorsanız o kadar zehirli olduğunuz da doğrudur. Zehirli kurbağaların derilerinde, azıcık bir miktarı bir atı öldürecek kadar zehirli salgılar yayan salgı bezleri vardır. Kurbağalar zehirli böceklerden oluşan besinleri yiyerek içlerinde bu zehri mayalarlar.

Bununla beraber, hayvanlar neredeyse her şeyi sindirmeyi öğrenebilirler. İmparator kelebekleri, yenilmeleri halinde hızlı ve acılı bir ölüme yol açan zehirli bir salgı yayarak, kendilerini yırtıcılardan korurlar. Buna rağmen, Meksika sıçanları, bu zehre karşı her kış kendilerine bu kelebeklerle ziyafet çekmelerine olanak veren bir bağışıklık geliştirmişlerdir.

Böcekler, doğal olarak, zehir ve diğer zararlı maddeleri sistemlerinden atmalarına yarayan süper etkili "böbrek"leri sayesinde hemen her şeyi zarar görmeksizin yiyebilirler.

Koalalar, okaliptüs yaprağı yiyerek yaşamalarıyla ünlüdür. Ama arada bir bu kokulu yaprakları yemekten gına getirir, okaliptüsten taş ve toprak yemek üzere inerler. Bununla birlikte, bebek koalanın ilk katı yiyeceği tamamen farklıdır. Yavru koalalar annelerinin dışkılarını yerler. Annenin dışkısı, sindirimi kolaylaştıran ve yavruları hastalıklara karşı bağışık kılmaya yardımcı olan mikroplarla doludur.

Vampir yarasalar herhalde yeryüzündeki en sıkıcı beslenme rejimine sahiptir. Sadece ama sadece kan içmek aynı şeyi sürekli yinelemek olsa da, yarasaları yemek seçmek derdinden kurtarmak gibi bir faydası da vardır. Bütün diğer türlerin aksine, midesiz vampir yarasalar kendilerini hasta edebilecek yiyeceklerden kaçınmayı öğrenme zahmetine girmez. Her halükarda, kanın zehirli olup olmadığını anlamanın daha kolay bir yolu vardır. Yine de kanın sahibi muhtemelen ölür.

Yalnızca yarasalar vampir değildir. Bir Batı Afrika örümceğinde de insan kanına karşı edinilmiş bir iştah vardır. Bu örümcek, özellikle kan emici sivrisinekleri, insan ve başka memelilerin kanını emdiğini bildiği için hedef alır. Galapagos adasında, diğer büyük kuşlara kanlarını emmek amacıyla saldıran kuşlar vardır. Bu küçük ispinozlar, yağışsız mevsim boyunca vampirler gibi davranırlar.

Bufa balığı vampirin denizler âlemindeki eşdeğeridir. Yılanbalığına benzeyen bu balık, küçük balıkları avlar. Hedefi görüş alanına girer girmez, dişlerini avının yumuşak dokusuna geçirir ve vücudundaki sıvıları emmeye başlar.

Bazı güveler, diğer hayvanların gözyaşlarıyla beslenir. Bu hayvanlar arasında ağlayan sığırlar, geyikler, atlar, tapirler, domuzlar ve filler vardır. Güneydoğu Asya'daki güveler, mandaların yaşlı gözlerinden beslenir.

Kuşlardan kurbağalara, farelerden maymunlara kadar, kendi hemcinslerini özellikle yavru veya yumurta halindeyken yiyebilen hayvanlar arasında yamyamlık yaygındır. Üstelik kurbağalar gibi bazı türler gerekirse yavruları yesin diye özellikle fazladan yumurta yumurtlarlar.

Semender embriyoları, örneğin, daha annelerinin rahminde iken kardeşlerini yerler.

Hamamböcekleri de, birbirleri dahil, her şeyi yerler. Doğu hamamböceklerinin en çok sevdikleri yiyecekler özellikle tatlı veya nişastalı olanlarıdır.

Kürek ayaklı kurbağalar ve iribaşlar akrabalarını yememeye ihtimam gösterir. Bu iribaşlar yamyamdır ve diğer iribaşları hapur hupur yemek için kuvvetli çeneler geliştirmiştir. Ancak, yemeğe başlamadan önce, yediklerinin akraba olmadığından emin olmak için hızlı bir kimyasal deneme yaparlar. Eğer kazayla erkek ya da kız kardeşlerini yutacak olsalar, bu tadı alır ve yediklerini tükürürler.

Yamyamlık salyangozlar için iyi bir şeydir. Bir araştırma, kardeşlerini ve diğer salyangozları yiyen genç salyangozların, yemeyenlere kıyasla daha uzun yaşadığını göstermiştir.

# Ağız Tadı

## *Hayvanların Sevdikleri ve Sevmedikleri*

PAPAĞANLARIN AKRABASI OLAN KEALAR doğada bilinen tek lastik fetişisti kuş türüdür. Kealar, alışılmamış bir ağız tadı olan, başına buyruk bir kuş türü olarak bilinir. Genellikle geceleri koyunlara saldırır, sağrılarını gagalayarak yünlerin arasından geçer ve böbreklerin çevresindeki yağlı alanlara doğru ilerleyerek koyunu öldürürler.

Ancak, lastiğe olan düşkünlüğü, onu anavatanı Yeni Zelanda'da bir mite konu etmiştir. Çeşitli araçların camlarındaki kauçuk lastiklerin kealar tarafından gagalanıp götürüldüğüne ilişkin hikâyeler boldur. Araçlar hareket halindeyken bile lastiklere asıldıkları ve ancak sürücü saatte altmış beş kilometre hızı aşarsa bıraktıkları söylenmektedir.

En dramatik hikâye, gece dışarı bırakılan bir otomobil hakkındadır. Arabanın sahibi döndüğünde bir kea grubunun ön camı çevreleyen lastiği tamamen yediğini ve bunun sonucunda camın arabanın içine düşmüş olduğunu görmüştür. Kealar sünger lastiklere de düşkündür ve açıkta buldukları koltukları yırtarak süngerleri açığa çıkarmakta, arabaları çöplüğe çevirmektedirler.

Kazlar strafora düşkündürler. 2005 yılı kışında, Romanya'nın Risesti köyünün strafordan yapılmış okulunun duvarlarını yiyerek oymuş ve kendilerine yol açmışlardır.

Akkarıncalar polietilen çöp torbalarını yemeyi sever.

Şempanzeler yağa doygun yiyeceklere bayılır ve bunları elde etmek için diğer maymunları yerler. Tanzanya ve Fildişi Kıyısı'nda avcı şempanzeler özellikle kolobus maymunlarını avlarlar. Bir kolobus maymunu yakaladıklarında ilk iş beynini yerler. Beyin, en zengin yağ kaynağıdır. Daha sonra, kolobusun en uzun kemiklerini kırarak ilikleri emerler. Ancak bunları bitirdikten sonra etleri yemeye devam ederler.

Kutup ayıları da yağ yiyerek yaşar. Yağ bakımından zengin yiyeceklere öylesine düşkündürler ki, sırf yüksek yağ içeren beyinlerini yemek için fok eniklerini öldürürler.

Cırcır böcekleri tuza bayılır. Araştırmalar, cırcırböceği sürülerini yürüyüşe geçiren asıl etkenin idrarla ıslanmış toprak gibi tuzlu atıştırmalıklara karşı iştahları olduğunu göstermektedir. Cırcır böcekleri, tohum keseleri, çiçekler ve hayvan dışkıları gibi proteinli yiyeceklere de düşkündürler.

Filler çok büyük miktarlarda tuz yerler, hatta tuz madenciliğine soyunurlar. Uganda-Kenya sınırında bulunan bir sönmüş volkan, mineral kaynakları nedeniyle yaygın şekilde işlenmiştir. Bilim insanları, bu volkanların, fillerin topraktan sağlayamadığı türden tuzlar içerdiği kanısındadır. Filler, minerallere ulaşmak için tehlikeli bir yoldan üç yüz elli metre tırmanmaktadırlar.

Şempanzeler ağızlarının tadını bilirler. Yüksek düzeyde glikoz, sakkaroz ve früktoz içeren meyve, yaprak ve ağaç kabuklarını yerler.

Bazı kertenkeleler de ağızlarının tadını bilirler. Menorka adasında yaşayan bir tür kertenkele, arılar gibi nektar içer.

Amerika ve Kanada'da yaşayan kızıl sincaplar kışı akçaağaç şurubu sayesinde atlatırlar. Sincabın çam kozalakları ve kabuklu yemişleri bitince, keskin dişleriyle tatlı akçaağaç gövdelerini kemirerek ağacın özsuyunun akmasını sağlar. Özsu güneşte kuruduğunda geride şekerli bir tortu bırakır. Sincap bu kalıntıyı yalayarak enerji ihtiyacını karşılar.

Kediler tatlı sevmezler çünkü tadını almazlar. Araştırmacılar, ev kedilerinden leopar ve aslana kadar, kedigillerin tamamının şekerli gıdaları hiç sevmediklerini ortaya çıkarmışlardır. Kedilerin genetik kodlarını çözümlediklerinde, olağan olarak hayvanların tatlı tadı algılamasını sağlayan bölümün genetik kodda eksik olduğunu görmüşlerdir. Bu durum, kedilerin şeker ve karbonhidrat gibi tatlı bileşenlerin tadını alamamasına neden olmakta ve kedilerin neden et gibi daha farklı lezzetteki yiyeceklere düşkün olduğunu açıklamaktadır. Aynı zamanda, vahşi yaşamda kedigillerin neden en iyi avcılar arasında olduğunu da açıklayabilir.

Çikolata köpekleri öldürür. Çikolatada bulunan teobromin, özellikle küçük eniklerde, kalp ve sinir sistemini tehlikeli ölçüde tahrik eder. Çikolata verilen köpekler kusma, aşırı heyecana kapılma ve titreme gibi belirtiler gösterebilir. Ağır durumlarda köpek kalp krizinden ölebilir. Pastalarda kullanılan koyu renk çikolata, normal sütlü çikolatalara göre altı, yedi kat daha fazla teobromin içermesi nedeniyle, köpekler için en tehlikeli çikolata çeşididir.

Sıtma taşıyıcısı sivrisinekler şekerli gıdaları daha cazip bulabilir. Parazitin sistemlerinde bulunması, sivrisinekleri tatlıya karşı oburlaştırır.

Yalnızca dişi sivrisinekler sokar. Başka şeylerin yanı sıra insan terine de düşkündürler.

# Yeme Bozuklukları

## *Nasıl Bazı Hayvanlar Patlayana Kadar Yer ve Bazıları da Açlıktan Kıvranır?*

"Kuş kadar yemek" deyimi, tamamen yanlış bir tanımlamadır. Örneğin, akbabalar bir öğünde kendi vücut ağırlıklarının dörtte biri kadar yiyecek tüketebilir. Bazen yemekten sonra havalanamazlar ve hızla uçabilmek için sindirdikleri yiyeceklerin bir bölümünü kusmak zorunda kalırlar. Flamingo, haftalardır yemek yememiş bile olsa ender olarak böyle oburluk eder; çünkü ancak kafasını tepetaklak tutarak ve yavaş yavaş yiyebilir.

Sinekkuşu durup dinlenmeksizin yer. Bu minik kuş, savaş uçağı ile helikopterin birleşiminin kuşlar âlemindeki karşılığıdır. Geri geri uçabilir, havada asılıyken kanatlarını saniyede doksan kere çırpabilir ve havada dalış yaparken kanat çırpışını bunun iki katına çıkarabilir. Bütün bunları yapabilmesi için harcadığı enerji miktarı, makinesini yiyecekle mütemadiyen beslemesini gerektirir. Sinekkuşları her gün vücut ağırlıklarını aşan miktarlarda yiyecek tüketmelidirler; hem de öyle bayat yiyecekler filan değil. Kalorilerini öylesine yüksek bir hızla yakarlar ki, yüksek enerji nektarıyla beslenmeleri gerekir. Mümkün olduğu kadar çok enerjiyi, mümkün olduğu kadar hızlı bir şekilde elde etmeleri gerektiği için de hızlı yerler. Sinekkuşu nektarı saniyede on iki kez yutkunarak yiyebilir.

Hayvanlar âleminin en hızlı yiyicilerinden biri de Avustralya'da yaşayan dikenli canavardır. Dikenli canavar, derisi dikenlerle kaplı ve karınca yiyerek beslenen bir tür kertenkeledir. Canavarın yediği karıncaların besin değeri acınacak kadar azdır. Bu yüzden, yaşayabilmek için mümkün olduğu kadar çoğunu, olabildiğince hızlı yemesi gerekir. Canavar, dilini yıldırım hızıyla hareket ettirerek karıncaları yakalar ve oldukları gibi, çiğnemeden yutar. Bu şekilde günde iki bin karınca yiyebilir.

Filler, hayvanlar âlemindeki en etkileyici yiyiciler arasındadır. Bir fil günde yüz ila üç yüz kilogram yiyecek ve yüz doksan litre su tüketebilir.

Büyük bir çekirge sürüsü bir günde yirmi milyon kilogram mısırı yiyebilir.

Dişi pireler, her gün, kan olarak vücut ağırlıklarının on beş katını tüketirler.

Köstebekler her gün kendi vücut ağırlıklarına denk miktarda solucan yerler.

Mavi balinalar yavrularını emzirdikleri sıralarda günde bin beş yüz ila üç bin kilogram arasında yiyecek tüketirler. Bu miktar, sekiz milyon hamburgere eşittir.

Orka balinaları, balıklardan foklara, penguenlerden kaplumbağalara, köpekbalıklarına, hatta mavi balinalara kadar çeşitli hayvanları yerler. Bu balinalar, yavru bir foku ya da denizaslanını bütün olarak yiyebilirler.

Balinaların çeşitli yemek yeme teknikleri vardır. Bazıları dişlerini kullanırken bazıları da yiyeceklerini balina kemiği süzgeçlerden geçirirler. Gagalı balinalar adı verilen ender rastlanır bir balina ailesi dişsizdir ve gagasının ucunda küçücük bir açıklığı olan devasa dudakları vardır. Yiyecekleri sadece emebilirler.

Sincaplar, kabuklu yemişleri tostoparlak oluncaya kadar tıka basa yerler. Devon'da kuşyemliğinin metal ağına sıkışan bir sincap, sıkıştığı yerden kendi kendine çıkamamıştır.

Zürafalar için su içme eylemi düpedüz tehlikeli bir iştir. Bu işi yapabilmek için ön bacaklarını iki yana açmalı ve boynunu dikkatle suya doğru eğmelidir. Bu durum, zürafayı aslan ve benzeri yırtıcılar için kolay bir hedef haline getirir. Bu nedenle, haftalarca su içmeden durur. Bunun yerine akasya yaprakları gibi bitkilerin nemiyle su ihtiyacını gidermeyi yeğler.

Dünyanın en kurak yerlerinden biri olan Namibya çölündeki babunlar yirmi sekiz güne kadar susuz yaşayabilmektedir.

Karafatmalar yemek yemeden bir ay yaşayabilmelerine karşın, susuzluğa ancak iki hafta dayanabilirler.

# Doğal Gereksinimler

## Hayvanların Bedensel İşlevleri Hakkında Bazı Tatsız Gerçekler

Ağaç oyucu tembel hayvanlar kuru mevsim boyunca dışkılarını bir hafta biriktirirler. Tuvalete gitmenin yırtıcıların dikkatini çekmesinden korkarlar. Sonunda ağaçtan yere inip ihtiyaç giderdiklerinde kendi vücut ağırlıklarının beşte birine karşılık gelen dokuz yüz gram kadar gübre dışkılarlar. Yağışlı mevsim bütün bu ağır işi gereksiz hale getirir. Süzülen yağmurlar, tembel hayvanların dışkısının kokusunu maskeleyeceği için doğrudan ağacın tepesinden aşağıya dışkılarlar.

Venezüella'da yaşayan bir tepelitavuk türünün oldukça alışılmadık, bir ineğinkine benzeyen midesi vardır. Sonuç olarak, yiyecekler bu midede kendine özgü ve taze inek gübresininkini andıran bir koku salarak fermente olur. Bundan dolayı da lakabı, kokmuş kuştur.

Penguenler doğanın süper sıçıcılarıdır. Chinstrap ve Adelie penguenleri arkalarını yuvalarının dışına yönelterek, katı ve pembe-beyaz renkli dışkılarını havan topu gibi öyle bir kuvvetle havaya fırlatırlar ki, kırk santimetre kadar uzağa düşer. Bu tarz, kuşun tüylerini ve yuvasını temiz tutmasına yarar. Penguen dışkısının karda bıraktığı uzun iz çok geçmeden belirsizleşir.

Pek az hayvan Amerika'da yaşayan gümüş benekli tırtılla yarışacak bir kuvvetle dışkısını fırlatabilir. Gümüş benekli tırtıllar dışkılarını saniyede 1,3 metre, hatta bazen daha büyük bir hızla fırlatırlar. Bu hız havan topununkine denktir. Dışkılar yüz elli üç santimetre uzağa düşebilir. Bu da dört santimetre boyundaki böceğin boyunun 30 katı demektir. İnsan ölçüleriyle bu mesafe 76 metreye karşılık gelir. Bilim insanları, tırtılların bunu sırf müşkülpesent yaratıklar oldukları için değil, fakat dışkıları avcıları için bir mıknatıs işlevi gördüğü için yaptıklarına inanıyor.

Hipopotamlar dışkılarını olabildiğince geniş bir alana savurmak için kuyruklarını kullanırlar. Bu yöntem, mümkün olduğu kadar geniş bir alanın kendilerine ait olduğunu işaretlemek amacıyla kullanılır. Erkek hipopotamlar dışkıladıkları sırada kuyruklarını hızla döndürerek, gübrelerini her tarafa fırlatırlar.

Çiftlik hayvanları küresel ısınmanın önemli kaynaklarından biridir. Birleşmiş Milletler'e göre, sığır, manda, keçi, koyun, deve, domuz ve at gibi çiftlik hayvanları atmosfere karışan metan gazlarının yüzde 30'undan sorumludurlar. Metan, karbondioksitten sonra sera etkisi yapan ikinci önemli gazdır.

Sadece ineklerin dünyadaki metan gazı emisyonuna katkısının yüzde 20 olduğu düşünülmektedir. Süt inekleri günde dört yüz ila beş yüz litre arasında metan gazı çıkarırlar. Bu, bir insanın çıkardığından iki yüz kere daha fazladır. Bir yılda "uçucu organik bileşikler" olarak bilinen gazları oluşturan dokuz kilogram gaz üretirler. Bu da bir otomobilin yahut hafif bir kamyonun ürettiğinden daha fazladır.

Yeni Zelanda'da, sera gazları emisyonunun yüzde 43'ü çiftlik hayvanlarından gelmektedir. Ülkede yaşayan kırk milyon koyun ve on milyon ineğin geğirtileri toplam metan emisyonunun yüzde 90'ını üretir.

Termitler dünyadaki metanın yüzde 4'ünü üretir. Gaz hayvanın arka bağırsağında ürer ve bütün vücudundan yayılır.

Akbabalar yırtıcıların saldırısına uğrarsa saldırgana doğru şiddetle kusarlar. Ancak bunu sırf korktuklarından yapmazlar. Vücut ağırlıklarının bir kısmından kurtulmuş olarak, çok daha rahat havalanabilecek ve daha kolay kaçıp kurtulabileceklerdir. Hayvanlar âlemindeki en berbat kokulardan birine sahip olan bu iğrenç kokulu kusmuk, düşmanlarını oyalayacak, hatta belki de öldürecektir. Akbaba kusmuğuyla temas eden köpeklerin öldüğü bilinmektedir.

Fareler kusamaz. Bazı hayvanların kusmalarına olanak veren ve böylece zehirli maddeleri çıkarmalarına yarayan bir refleksleri vardır. Fareler bunu yapamaz çünkü mideleri ile yemek boruları arasında bir bariyer vardır ve istenmeyen maddeleri buradan geri çıkarmaya yetecek kadar kas gücüne sahip değildirler. Ayrıca, beyinleri gerekli öğürmeyi sağlayacak şekilde kaslarını koordine edemez. Buna karşılık, fareler, kendilerini zehirli maddeleri yutmaktan alıkoyan çok gelişmiş tat ve doku duygularına sahiptir. Bir de, kendilerini kötü hissettiklerinde kil ve benzeri maddeler yerler. Kil mideyi kaplayarak bulantıyı yok eder. Kusma yeteneklerinin olmayışı, sindirim sakatlıklarının tek yan ürünü değildir. Geğiremezler de.

Kusma yeteneği olmayan hayvanlar arasında tavşan, ev faresi ve Japon bıldırcını da vardır.

# İÇKİNİN TESİRİ ALTINDA

## Sarhoş Olan ve (Bazen) Taşkınlık Yapan Hayvanlar

MADDE KULLANIMI hayvanlar dünyasında yaygındır. Batı Afrika'da yabandomuzları, üzerlerinde vahşi bir coşkunluk etkisi yapan halüsinojenik kökleri için iboga fundalarının köklerini kazarlar. Kedinanesi kedileri çeker çünkü bu bitki doğal seks feromonlarını taklit eden halüsinojenik nepetalakton maddesi içerir. Leoparlar ve diğer büyük kediler de kedinanesi ve onun Japonya'daki eşdeğeri matatabi bitkisine düşkündürler.

Hayvanlar dünyasının en bağımlılık yaratan maddesi halusinojenik "büyülü" mantarlardır. Önde gelen bir etolog, bu mantarlardan bir miktar yiyen çakalın bir topaç gibi döndüğünü gözlemiştir. Ren geyikleri de bu zihin bulandıran mantarların cazibesine kapılırlar. Sibirya Şamanlarının da kullandığı, kuvvetli bir hayal gördürücü olan kırmızı şapkalı *Amanita muscaria* mantarı en sevdikleridir. Ren geyiklerinin bu mantarlara düşkünlüğü o derecedir ki, bu mantarları yemiş insanların idrarlarını içerek bile sarhoş olabilirler. Sibirya tundralarına giden ziyaretçiler Ren geyiklerinin saldırısına uğramamaları için dışarıda işememeleri konusunda uyarılır.

Amazon jaguarı halusinojenik üzüm asmalarını kemirir. İyi kafa yapmanın yanı sıra bu asmalar jaguarın midesindeki parazitlerin temizlenmesine de yardımcı olur.

Lemurlar kafayı bulmak için özel bir yol kullanır; bir çeşit narkotik kırkayak yerler. Madagaskar'da yaşayan kara lemurlar sineksavar işlevi gören zehirli bir kimyasal maddeyi elde etmek için kırkayakları yerler. Ancak yedikleri kırkayaklar lemurları kendilerinden geçirerek transa sokar. Bu yeme alışkanlığını araştıranlar, kırkayakları yedikten sonra lemurların gözkapaklarının düştüğünü ve ağızlarının köpürdüğünü gözlemiştir. Lemurlar bu durumda cinsel olarak da tahrik olur. Ancak, bu etki kısa sürelidir, yalnızca birkaç dakika sürer.

Çiftlik hayvanları esrar benzeri otlar için çıldırırlar. Batı ABD ve Meksika'daki sığır, koyun ve atlar, deliotu denilen bir bitkiye bağımlı hale gelebilmektedir. Bu otlar, çimen yerine lezzetli bir seçenek olmakla birlikte, gerçekte zehirlidir ve *swainsonin* denilen, sinir sistemini etkileyen bir alkoloid içerirler. Sonuç olarak, bu bitkiye müptela olan hayvanlar gittikçe artan bir şekilde, tuhaf davranmaya başlarlar. İlkin sürülerinden kaçmaya ve tek başlarına otlamaya; daha sonra da, telgraf direklerine toslamak ve havada acayip sıçramalar yapmak türünden gariplikler yapmaya başlarlar. Ayrıca yalpalayarak yürürler.

Bu otun çok fazla miktarda yenmesi hayvanı öldürebilir. Bu nedenle, çiftçiler bağımlılık kazanmış sığır, koyun ve atlar için bir rehabilitasyon programı geliştirmişlerdir. Bu yöntem, esas olarak otla birlikte hayvana bol miktarda tuz yedirilmesinden ibarettir; bu da, hayvanda şiddetli bulantı yaratır.

Kuzeydoğu Hindistan'da Sikkim Dağları'nda, yorgun atlar biraz güç kazanmak için acı çay yaprağı yerler. Benzer şekilde, Meksika'da yük eşekleri, kendilerine canlılık verdiği için yabani tütün yapraklarını yerler.

Şempanzeler tütüne insanlar kadar bağımlılık kazanabilir. Çin'deki bir hayvanat bahçesinde yaşayan Ai Ai adlı bir şempanze, 1989'da ilk erkeğinin ölümünün hemen ardından bir ziyaretçinin kendisine sigara vermesiyle sigara içmeye başlamış ve sekiz yıl sonra ikinci eşinin de ölmesi ve kızının bir başka hayvanat bahçesine götürülmesi üzerine birbirinin ucuna ekleyerek sigara içmeyi sürdürmüştür. Ancak yoğun bir terapiden sonra, 2005 yılında bu alışkanlığından kurtulabilmiştir.

Dachshund cinsi bir köpek, yirmi iki yıl gibi uzun bir ömrü günde on sigara tüketerek geçirmiştir. Köpek, sahibi tarafından terk edilmiş ve bulunduğunda sigarayı kâğıdıyla yemekten, filtreleri ise tükürmekten hoşlandığı görülmüştür. Olağan koşullarda nikotin köpekler için zehirleyicidir.

Maymunlar dünyasında uyuşturucu kullanımı alt sınıfların işidir. Bir makak topluluğunu inceleyen bir araştırma, egemen ve hiyerarşideki yeri yüksek maymunların kokain bağımlısı olma eğiliminin daha az olduğunu göstermiştir. Bilim insanları, bu maymunların heyecan duyma yolunun saldırganlık ve altlarında kalan maymunlara hükmetmek olabileceğini düşünüyor.

Ana rahminde iken marijuhanaya maruz kalan fareler, doğduklarında hiperaktif ve unutkan olmaktadır.

Keçiler kafeine, karıncalar ise tatlı yiyeceklere bağımlılık kazanabilirler.

Fareler testosteron bağımlısı olabilirler.

Kokain, meyve sineklerinde müthiş kafa yapar. Meyve sineklerini kokain buharına maruz bırakan bilim insanları, dairevi dönüşler yaptıklarını ve düpedüz duvarlara tosladıklarını gözlemlemişlerdir.

Fermente olmuş meyvelerin hayvanlar üzerindeki etkisi tıpkı alkolün insanlar üzerindeki etkisi gibidir. Arılar fermente olmuş meyve sularını bir güzel tıkındıktan sonra öyle sarhoş olurlar ki, kendilerinden geçerler.

Kuşlar da sarhoş olabilir. 2005 yılında, bir kuş sürüsü hep birlikte, bir iş merkezinin camlarına bindirdikten sonra, Güney Karolina'daki bir vahşi yaşam merkezinde tedavi edilmişlerdir. Görünüşe göre, yüzlerce kuş, fermente olmuş böğürtlenleri yiyerek sarhoş olmuştu.

Afrika filleri, fermente olduğunda yüzde 7 alkol içeren bir sıvıya dönüşen marula meyvesinin olgunlaşma kokusuna bayılırlar. Yüzyıllardır, pek çok kişi, bunun filleri ayakta durmakta zorlanacak ölçüde sarhoş ettiğine inanır. Bununla birlikte, bazı bilim insanları koca fillerin içtikleri az miktarda meyve suyundan sarhoş olmasına kuşkuyla bakıyor. Onlara göre, filler marula meyvesinin ağacını da yedikleri için sarhoş olmaktadır. Marula ağacının gövdesi, geleneksel olarak ok uçlarını zehirlemek için kullanılan pupae böcekleri tarafından yuva olarak kullanılır.

Araştırmalar, hamsterlerin alkole karşı, vücut ağırlıkları dikkate alındığında, insanlara kıyasla kırk kat daha dayanıklı olduklarını göstermektedir. Bu, bir insanın görünüşte hiç bir sorun yaşamadan her gün bir kasa şarap içmesine denktir.

Fazla alkol, tıpkı insanlar gibi, hamsterleri de saldırgan yapabilir. Ayrıca, erkek hamsterlerin testosteron düzeylerinde kayda değer artışa neden olur. Hamsterlerin alkol bağımlılığı, bu hayvanlara Çin'de bulunan bir bitkisel ilaç, kudzu kökü, yedirilerek baskılanabilmektedir.

Güvercinler kabuklu yemiş yiyerek sarhoş olabilir. Çünkü kabuklu yemişler de fermente olabilir. Güvercinler yeterli miktarda fermente olmuş badem yedikleri takdirde öylesine sarhoş olurlar ki, saatlerce uçamazlar.

Keşke insanlar da balıklar kadar içebilseydi. Bilim insanları kırmızı şarabın bileşenlerinden biri olan resveratrol maddesinin, ömrü inanılmaz ölçüde uzattığını keşfettiler. Sineklerin ve böceklerin bu madde etkisiyle daha uzun yaşadığı anlaşılmıştır; balıklarda sonuçlar çok daha iyidir. Zimbabwe'de görülen ve olağan olarak dokuz hafta yaşayan bir balık türü, yüksek dozda resveratrol ile beslendiklerinde, ömürleri yüzde 30 ila yüzde 60 arasında artmıştır. Bu türlü beslenen balıkların, normalde ölmüş olmaları gereken on ikinci haftada hâlâ daha etkin ve canlı beyinlere sahip oldukları görülmüştür. Bununla beraber, insanların aynı dozda resveratrol alma konusunu bir kez daha düşünmeleri tavsiye edilir. Çünkü aynı dozu alabilmek için günde yetmiş iki şişe kırmızı şarap içmeniz gerekir.

Hindistan maymunları da sarhoş olup uygunsuz davranır. Himaşal Pradeş bölgesinin kentsel alanlarında yaşayan maymunların yüzde 80'i, bulduğu zaman alkol alır ve sarhoş olurlar. Sarhoşken, maymunların arabaların üzerinde tepindikleri ve çocukları ısırdıkları görülmüştür.

Moğolistan'da yaşayan filler dondurucu kışları votka içerek atlatır. Dünyaca ünlü Moskova Devlet Sirki'nin mensupları, alkolün eksi yirmi sekiz dereceye kadar düşebilen soğuklarla baş etmekte gösteri fillerine faydalı olduğunu keşfetmişlerdir. Günde iki litre votka soğuğu katlanılır hale getirmektedir.

İş ayyaşlığa gelince, fareler dörde bölünür. Bilim insanları bir grup fareye alkol vermeye başladıktan itibaren görülen manzara şudur: Yeşilaycılar, arada bir içen sosyal içiciler, içki miktarını azar azar yükselten ve belli bir seviyede duranlar ve ilk günden itibaren alabildiğine içen alkolikler.

Gergin sıçanlar teselliyi şişede ararlar. Araştırmalar, alkole alıştırılan sıçanların üzücü olaylar yaşadıktan sonra daha da fazla içmeye başladıklarını göstermektedir.

Karayip maymunları rom içer, sarhoş olurlar. St. Kitts Adası sakinleri, adada yaşayan vervet maymunlarını evlerine çekmek için ortalığa adada üretilen tatlı romla dolu hindistan cevizi kabukları bırakırlar. Buldukları içkileri bolca içen maymunlar kendilerinden geçer.

Yapılan bir araştırma maymunların içme alışkanlıklarının birbirinden farklı olabildiğini gösteriyor. Yedi maymundan biri hiç içmez, yirmi maymundan biri sıkı içicidir. Bu maymunlar kendilerinden geçene kadar, olabildiğince hızla rom içerler. Buna rağmen akşamdan kalmalık türünden bir sorunları yok gibi görülmektedir. Ertesi sabah kalkıp her şeye baştan başlarlar.

Hayvanlar âleminin en belalı sarhoşları, büyük olasılıkla mus geyikleridir. Özellikle İsveç'te iyice olgunlaşmış elmaları fermente olduklarının farkında olmadan tıka basa yerler. Bunun sonucunda, çoğu kez sarhoş olup sersemler ve saldırganlaşırlar. Mus geyiklerinin koşan insanlara saldırdığı bilinmektedir. Malmö yakınlarında 2005 yılında bir mus geyiği sürüsü bir huzurevini sarmış ve ancak silahlı polislerin müdahalesiyle uzaklaştırılabilmişlerdir.

Üçüncü Bölüm

# Kuşlar ve Arılar

## Hayvanlar ve Aşk Hayatları

KUŞLAR, ARILAR ve elbette akıllı pireler cinsel ilişkide bulunurlar. Üreme konusunda öylesine bir rekabet vardır ki, cinsel ilişki olabildiğince çılgın, vahşi ve hatta ölümcül olabilmesinin yanı sıra çok kısa süreli de olabilir.

Bununla birlikte, hayvanlarda cinsel ilişki tamamen rastgele bir iş değildir. Pek çok tür, değerli genlerini paylaşmak için bir eş seçmeden önce uzun, karmaşık ve zaman zaman da romantik kur yapma süreçlerinden geçer. İnsanlar âleminde olduğu gibi, seks her zaman üremeye yönelik değildir. Sırf zevk için cinsel ilişki kuran türler olduğu gibi, eşcinsel aşkı paylaştıklarını gururla ilan eden türler de vardır.

# Bay Doğruyu Ararken

## Hayvanlar İdeal Eşlerinde Ne Arar?

Çoğu kadın pasaklı erkekleri çekici bulmaz. Dişi göçebe kuş da bu açıdan istisna değildir. Baştan savma bir yuva yapmış bir erkek kuşla dişiler çiftleşmek istemezler. Erkek kuş reddedildiği takdirde dişilerin sevgisini kazanmak için yuvasını bozmak ve yeni baştan yapmak zorundadır.

Bazı balık türleri için boyut kesinlikle önemlidir. Araştırmalar, sivrisinek balıklarının dişilerinin onda sekizinin "gonopodyum" adı verilen cinsel organı daha büyük olan erkekleri tercih ettiğini gösteriyor. Bu, iyi donanımlı erkek sivrisinek balıkları için iyi haber olmakla birlikte zararlı bir yanı da vardır. Boyutları, bu balıkları avcılar için iyi birer hedef haline getirir.

Dişi ötücü kuşlar, repertuarı geniş erkekleri tercih ederler. Büyük sazlık bülbülü gibi bazı dişi kuşlar, en çok melodi bilen erkekleri tercih ederler. Bilim insanları repertuarın genişliğinin erkek kuşun dalağının büyüklüğüyle; dalağın büyüklüğünün de bağışıklık sisteminin güçlü oluşuyla ilişkili olduğuna inanıyor. Araştırmalar, sazlık bülbülü yavrularının daha geniş repertuara sahip olanlarının daha uzun hayatta kalabildiğini gösteriyor.

Dişi fırkateyn kuşları en şişkin erkekleri tercih ederler. Kur yapma sürecinin bir bölümü olarak erkek kuşlar gırtlaklarındaki torbayı bir balon gibi şişirirler. Dişiler, en şişkin, en kırmızı ve en parlak balonu olan erkeği tercih ederler. Yine de erkek kuşların tetikte olmaları gerekir.

Çünkü bu kuşlar çok sivri gagalarla donanmışlardır ve diğer erkekler, dişisini çalmaya çalışırken pekâlâ rakibinin balonunu patlatabilirler.

Dişi Tamarin maymunları, aile babalarını cazip bulduğu için, erkekleri "modern erkek" rolü yaparlar. Erkekler, çevresinde yavrularla dolaşarak, olası partnerlerine ne kadar iyi bir ebeveyn olacaklarını gösterirler.

Dişi geyikler boynuzları en güzel olan erkeği çekici bulurlar. Boynuzlarının büyüyebilmesi için erkek geyiğin bol miktarda yiyecekle iyi beslenmesi gerekir. Bir yandan kaçarken, bir yandan hayatta kalmasına ancak yetecek kadar yiyecekle beslenen erkekler boynuz büyütemeyeceklerdir. Öte yandan, ağaç dallarını andıran büyük boynuzları olan bir erkek, fiziksel güçlülük ve bedensel sağlık sembolüdür çünkü bu boynuzları büyütebilmesi için yeteri kadar besine erişebiliyor olması gerekir. Bu durum, aynı zamanda, düşmanlarını defetmekte de başarılı olduğunun göstergesidir. Bu nedenle dişilerin şaşmaz bir şekilde şahane görünüşlü erkeklere çekilmelerinde pek bir tuhaflık yoktur.

En seksi papağanların flüoresan tüyleri vardır. Hem erkek, hem de dişi papağanlar morötesi ışığı soğurarak ışıldayan parlak renkli tüyleri olan karşı cins üyelerinin cazibesine kapılırlar. Tüylerin ışıltısını insanlar olağan olarak fark edemezler, ancak araştırmacılar bazı ölü papağanların tüylerinin flüoresan ışık altında yaydığı esrarengiz ışıltı dikkatlerini çekince durumun farkına varmışlardır.

Dişi hamamböcekleri kokusu en keskin erkekleri cazip bulur. Ancak, yaşları ilerledikçe müşkülpesentliği bırakır ve nabzı atan her dişiyle çiftleşerek ömürlerini geçiren erkekleri örnek almaya başlarlar.

Parıltı altın gibidir, en azından dişi kelebekler için. Dişi kelebekler gözleri ışıldayan erkekleri cazip bulurlar. Işıltıyı yaratan, kelebeğin gözbebeğindeki morötesi yansımadır. Dişiler, ayrıca "ışıldayarak" erkekleri çekerler. Kelebekler parlak mavi bir renk yaratmak için kanatlarının üzerinde bulunan yanardöner pulları kullanırlar.

Görünüşe göre, balıklar da şaşaayı severler. Erkek dikenli balıklar, çiftleşmek için dişileri cezp etmeyi umarak, ilkbaharda yuva yaparlar. Bir araştırma, erkek balıkların yuvalarını folyo parçalarıyla süslemeleri halinde dişilerin bu gösterişli yuvalarda onlara katılmak için akın ettiklerini ortaya çıkarmıştır.

Erkek kaya balığı karnı kırmızı dişileri tercih eder.

Erkek zürafaların, bir dişinin yumurtlama döneminde olup olmadığını anlamakta kullandıkları bir yöntemleri vardır. Erkek zürafa işemesini sağlamak için dişinin arkasını başıyla dürter. Sonra dişinin idrarını yalar ve bir şarap tadımcısının yeni kırmızı şarap rekoltesini tadarak şarabın kalitesine karar vermesine benzer şekilde, dişinin hamile bırakılmaya uygun olup olmadığını belirler.

Dişi tarla fareleri iyi beslenen erkekleri severler. Dişi tarla fareleri fena halde seçicidirler ve bir eş seçmeden önce pek çok olası eşi koklarlar. Bilim insanları, dişi tarla farelerinin, protein oranı yüksek gıdalar yemiş erkekleri yeğlediğini ortaya çıkarmışlardır.

Dişi impala ve antiloplar, çiftleşmek için en kaliteli hükümranlık alanına sahip erkekleri seçerler. En makbul bekârlar, tercihan su kaynakları da içeren ağaçlıklı güzel otlakları kontrolü altında tutanlardır. Çıplak alanlarda hüküm sürenlerin yüzüne bakan olmaz. Anlaşılacağı üzere, erkek impala ve antiloplar en cazip alanların kontrolünü ele geçirmek için acımasız bir rekabet halindedirler.

Dişi kırlangıçlar, kuyrukları uzun ve simetrik olan erkekleri tercih ederler. Kavruk ve yampiri kuyruklular reddedilir çünkü bunlar kötü genlere işaret eder.

Sürekli kavga eden maço erkekler dişi keklikleri etkilemezler. Dişiler, kendilerine göz kulak olabilecek erkekleri tercih ederler.

Dişi Akdeniz horozbina balığı, erkekleri iyi baba olup olmayacaklarını anlamak amacıyla testten geçirirler. Dişiler, seçtikleri erkekleri bir grup deneme yumurtasına göz kulak olmaları için iki gün kadar yalnız bırakırlar. Eğer geri geldiklerinde yumurtalar güvende ve eksiksiz ise erkekle çiftleşirler.

Dişi tavus kuşu için ideal eş, harikulade tüylerle süslü kuyruğunda en çok sayıda "gözü" olan erkektir. Benzer şekilde, dişi kelebekler de, sırt tarafındaki kanatlarında en fazla sayıda göz şeklinde süsü olan erkekleri tercih ederler.

Hayvanlar âlemindeki en seçici yaratık dişi Kaliforniya kemancı yengeci olabilir. Bu tür bir yengeç topluluğunu inceleyen bir araştırma, dişilerin çiftleşmeye karar vermeden önce ortalama yirmi üç erkeğin kovuğunu incelediklerini ortaya çıkarmıştır. Bekâr bir dişi yengeç, uygun bir eş bulana kadar tam 106 erkeğin yuvasını incelemiştir.

Afrika, Serengeti'de yaşayan dişi topi antilopları arasında en iyi erkeği elde etmek için çetin bir yarış vardır. Bay doğru için birbiriyle acımasız kavgaya tutuşurlar ve kavgayı kaybetmeleri bile vazgeçmeleri için yeterli olmaz. Bazen dişilerden biri rakibinin kavgayı kazandığını düşünmesine izin verir ve tam öteki çiftleşmeye başladığı anda bir kez daha saldırır.

Farklı kuşaklardan dişi nal yarasaları sıkça aynı erkekle çiftleşir. Böyle olunca, büyükanne ve torun yarasalar aynı erkeğin yavrularını doğurur. Londra Üniversitesi Kraliçe Mary Koleji'nden bilim insanları, bu yolun yarasaların topluluğun geleceğini garanti altına almak için kullandıkları içgüdüsel bir davranış olduğu kanısındadırlar. Ancak bu durum epey kafa karışıklığı da yaratmaktadır. Birçok durumda, genetik testler bir dişi yarasa ile üvey teyzesinin baba tarafından da üvey kardeşler olduğunu göstermiştir.

Bir alaska deniz kuşu olan tepeli auklet, iş cinsel partner seçmeye gelince çok özel bir zevke sahiptir: Karşı cins mensuplarının mandalina kokanlarını elemektedir. Araştırmacılar sebebini henüz anlayamamışlardır.

# Baştan Çıkarma Sanatı

## Hayvanlar Karşı Cinsi Nasıl Etkiler?

Erkek kanaryalar ötüşleriyle dişilerini çılgına çevirirler. Bu kuşların, birbiri ardına dizilen, saniyede 16 notanın titreştiği muhteşem bir ötüşleri vardır. Kanaryanın ses virtüözlüğü o derecedir ki, onları duyan dişiler anında sekse hazır olduklarını gösteren bir duruş sergilerler.

Dev pandalar, karşı cinsin ilgisini çekmek için ağaçları kokularıyla işaretler. Dişiler işaret bırakmak için yere işerken, erkekler gövdeye işer ya da anal bezlerini ağacın gövdesine sürerler. Erkekler ne kadar formda ve muktedir olduklarını göstermek için salgılarını mümkün olduğu kadar daha yükseğe sürmeye çalışırlar. Bunu yapmak için dört ana hareket geliştirmişlerdir: En kolay üçü, çömelme, arkasını sürtme ve bacağını kaldırma şeklindedir. Ağacın mümkün olduğu kadar en yukarısını işaretleyebilmek için en kuvvetli pandalar çok daha karmaşık bir hareket benimsemişlerdir; amuda kalkarlar.

Karşı cinsi etkilemek için kaslarını kullanan tek tür insan değildir. Erkek fundalık kertenkeleleri vücut dillerini oluşturan karmaşık sistemin bir parçası olarak egzersiz yaparlar. Olası partnerlerin dikkatini çekmek amacıyla şnav çekerler.

Kur için yapılan en ihtimamlı hazırlık, Avustralya'da yaşayan köşk kuşlarına aittir. Bu becerikli kuşlar, olağandışı büyük beyinlere sahiptir ve erkekler, dişileri etkilemek amacıyla, karmaşık yapılı köşk gibi yuvalar inşa edebilirler. Bazı kuşlar geniş yuvalarını döşemek için ağaç sürgünleri ve deniz kabuğu gibi ışıltılı nesneler kullanırlar. Bazıları ise dişileri çekmek için yuvalarını özellikle mavi renkli nesnelerle süslerler. Bu kuşların yuvalarını süsleyerek karşı cinse cazip görünmek için mavi kalemler, mücevherler ve boncuklar çaldıkları bilinmektedir. Bazı psikologlar, kuşların bu yeteneklerinin, insanlardaki sanat yeteneği ile kıyaslanabilir olduğu kanısındadır.

Erkek balıklar, dişileri etkilemek için kumdan kaleler yaparlar. "Cichlid" adı verilen bir tür tatlı su balığı da köşk benzeri yapılar yapar. Bu, yalnızca inşa yeteneklerini göstermekle kalmaz; yapının yüksekliği, dişi balığa erkeğin ne kadar sağlıklı olduğunu açıkça gösteren bir işaret anlamı da taşır. Kale ne kadar büyükse genlerin daha iyi olma ihtimali de o kadar yüksektir.

Yakışıklı bir denizcinin çekiciliği, balıklar dünyasında da karşılığını bulur. Dişi somon balıkları, denize açılmış ve bu tecrübe sonucu eve daha iri, daha güçlü ve daha bilge olarak dönmüş erkek somon balıklarını tercih ederler.

Erkek lebistesler, dişinin kalbine giden yolun midesinden geçtiğini bilirler. Bu yüzden, sanki onun en sevdiği yiyecekmiş gibi davranırlar. Dişiler özellikle parlak turuncu renkli meyveleri severek yediğinden, erkekler karınlarında parlak turuncu noktalar geliştirmişlerdir. Parlak turuncu yuvarlakların görüntüsü bile dişileri deliye çevirir.

Erkek dikenli balık denizler âleminin en karmaşık ve renkli çiftleşme ritüelini gerçekleştirir. Yumurtlama mevsimi geldiğinde minik balığın alt kısmının rengi, normal yeşil-gri renkten, parlak bir kırmızıya döner. Ayrıca, erkek evini inşa etmek için sürüyü terk eder, deniz tabanını oyarak bir çukur açar ve bu çukuru böbreklerinden salgıladığı yapışkan bir sıvıyla birbirine yapıştırdığı bitki artıklarıyla doldurur.

Yuvanın bitişi de yine bir renk değişimiyle ilan edilir: Bu kez üst kısmının rengi, dişiler üzerinde bir mıknatıs etkisi yapan mavimsi beyaza döner.

Yuvalar inşa edildikten sonra erkekler kendilerine özgü "zik-zag dansı"nı yapmaya başlar; bir öne bir arkaya sıçrarken, dikenlerini dişilere sürterler. Eğer dişi kabul ederse, erkek yan döner ve başıyla göstererek dişiyi yeni inşa edilmiş yuvasına yöneltir. Dişi yuvaya yumurtladıktan sonra erkek yumurtaları döller ve dikkatle korur. Çocuk sahibi olmak için bu kadar zahmete katlanan dikenli balığın, gayretli bir baba olması, pek de şaşırtıcı olmasa gerek: Yavrulardan biri yuvadan uzaklaşmaya kalkarsa onu yutar ve getirip yuvaya geri tükürür.

Ateşböcekleri disko ışıklarının altında birbirlerine âşık olurlar. Ateşböceklerinin karınlarında nitrik oksitle çalışan bir fener bulunur. Erkekler kur yaparken karınlarındaki bu feneri disko ışıkları gibi güzel bir düzenlemeyle yakıp söndürürler. Dişiler de ışık gösterisiyle karşılık verirler. Eğer gördükleri hoşlarına giderse havai fişek gösterisi başlar.

Erkek cerrah balıkları cinsel yiğitliklerini, tamamı dişi olan Amazon molly balıklarının yumurtalarını dölleyerek gösterirler. Molly balıklarının karmaşık üreme süreçleri nedeniyle, cerrah balıkları doğacak yavrulara genlerini aktaramasalar bile biyologlar çabalarının boşa gitmediğini ortaya çıkarmışlardır: Onların başka dişilerle yakınlaştığını gören dişi cerrah balıkları erkeklere daha çok ilgi göstermekteler.

Kanada'da yaşayan erkek mus geyiklerinin özel bir aşk iksirleri vardır. Erkek geyikler dişileri etkilemek için karmaşık ve epeyce maço davranışlar sergiler. Aralarında ağaçlara toslamak ve boynuzlarıyla ağaçların kabuklarını soymak da olan bir sürü acayip davranışlarda bulunurlar. Ama erkek geyiklerin dişilere kur yapmakta kullandıkları asıl teknik derin, çınlayan bir borazan sesi çıkarmaktır. Bu şekilde böğürürken bir yandan da karnına, göğsüne ve boynuna idrar püskürtür. Daha sonra ön ayakları ve boynuzlarını kullanarak bir çukur kazar ve keskin kokulu bir çamurla kaplanana kadar üstüne başına işemeye devam eder.

Geyiğin kolonyasının kokusu o kadar güçlüdür ki, dişiler çiftleşmeye hazır olduklarını göstermek için uysalca başlarını eğmiş halde etrafta belirmekte gecikmezler.

Yarasalar da dişilerini cezp etmek için kendi özgün kolonyalarını kullanırlar.

İri cepli-kanatlı yarasalara bu isim, kanatlarında bulunan parfüm dolu cepler yüzünden verilmiştir. Erkek, gırtlağını penisine sürerek elde ettiği bir salgıyla idrarını karıştırarak parfümünü kendisi yapar. Parfümü kanatlarındaki ceplere koyarak havalanır ve kokuyu çevreye yayarak dişilerin etrafında dolaşmaya başlar. Dişi yarasalar, bu çarpıcı kokuyu karşı konulmaz bulurlar.

Dişi ıstakozlar erkeklerini fethetmek için bir aşk iksiri kullanırlar. Dişi çiftleşmek istiyorsa erkeğin yuvasının içine güçlü cinsel feromonlar içeren idrarını püskürtür. Bu, saldırgan erkeği sakinleştirir ve kendinden geçirir. Dişi, erkeği daha da baştan çıkarmak için dans eder. Dişi, yuvasına girdiğinde erkek artık bir trans halindedir. Bu çiftleşme ritüeli dişinin soyunmasıyla sona erer. Dişiler ancak kabuklarından sıyrıldıkları takdirde çiftleşebilirler ve bir dişi ancak erkeğin yanında kendisini güvende hissederse soyunur.

Yılanlar ön sevişmeye önem verir. Erkek yılan dişiyi sevişmeye hazırlamak için, diliyle onun sırtını yalar ve çenesiyle bütün vücudunu sıvazlar. Ayrıca burnunu dişinin başına sürer ve vücudunu dişininkine dolar. Eğer dişiyi çiftleşmeye razı etmeyi başarırsa, dişi vücudunu doğrultarak çiftleşme arzusunu ifade eder.

Fareler marijuhana, solucanlar da düşük dozda radyasyon etkisiyle cinsel olarak uyarılırlar. Tarla fareleri, uzun yaz akşamlarında cinselliğe daha çok ilgi gösterir. Tersine, soğuk kış akşamlarında ise ilgisizdirler.

Dişi ağaç sıçanları, doğurgan ve çiftleşmeye razı dişilerin erkeklere kıyasla daha az sayıda olduğunu bilirler ve çiftleşmek için ödüllendirilmeyi beklerler: Erkekler, çiftleşmeden önce dişileri hazırlamak için biraz zaman harcamalıdırlar.

Penguenler fahişelik yapar. Dişi Adeli penguenleri yuvalarını daha iyi hale getirecek malzemeler karşılığında kendi arzusuyla erkeklerle çiftleşir.

Güney doğru balinalarının* (*Eubaleana Australis*) erkekleri belki de havyanlar âleminin en edepli aşıklarıdır. Olmaya da mecburdurlar. Yol yordam bilmek, balina top-

* Bu balinalara "doğru" güney balinaları denilmesinin sebebi, balina avcıları tarafından kolayca avlanabilmeleri ve güney yarıkürede yaşamalarıdır. Avcılar açısından, avlamak için "doğru" olan balinalardır-ç.n.

luluklarının ayrılmaz bir parçasıdır ve iş çiftleşmeye geldiğinde de durum değişmez. Bir dişi yedi erkek balina ile çiftleşebilir. Bununla birlikte, ancak erkekler doğru düzgün kuyruğa girerlerse çiftleşmeyi kabul edecektir.

Erkek mürekkepbalıkları, on erkeğe karşılık bir dişinin bulunduğu bir türün üyeleri olarak, üreme dönemi boyunca çiftleşmeyi başarabilmek için özellikle ayartıcı olmak zorundadır.

Özellikle küçük mürekkepbalıkları iki temel taktik benimsemişlerdir. İlk taktik, deniz tabanında ücra köşelere saklanarak mevcut dişileri ayartmaya çalışmaktır. Daha büyük mürekkepbalıkları çiftleşmek için acımasızca kavgaya tutuşmuşken, küçük mürekkepbalıkları gizli buluşmalar gerçekleştirirler.

Diğer hileleri ise vücut biçimleri ve derilerindeki desenleri dişi gibi görünmek için değiştirmektir. Böylece, dişilerden oluşan haremlerini koruyan daha saldırgan mürekkepbalıklarının yanından geçip gidebilirler. Güvenli sulara ulaştıklarında, biçim ve desenlerini tekrar değiştirir ve hemen çiftleşmeye başlarlar.

Ergin Japon yengeçlerinin erkekleri, fiziksel yetersizliklerini kurnazlıkla telafi ederler. Genç erkek yengeçler deniz tabanında dişileri kovalarken, yaşlılar çamurun içinde yuvalar hazırlar. Daha yaşlı olan erkekler, dişilerin yumurtlamak için bu yuvalara geleceklerini bilirler. Dişiler yumurtlamak için yuvaya geldiklerinde yaşlı kurtlar hemen dişiyi tuzağa düşürür ve genellikle son çiftleşen erkeğin yavruların babası olmayı da garantilediğini bilerek, dişiyle çiftleşirler. Taktikleri epeyce hileli olsa da çiftleşme nazik bir jestle sona erer: Yaşlı erkek yengeç kuluçkadan çıkacak yavrularını yetiştirmesi için evini dişi yengece bırakır.

S seks demektir; en azından lebistes balıklarına göre. Çiftleşmeye hazır olduklarını göstermek için bu türün erkekleri gövdelerini teknik olarak "sigmoid" duruş denilen hale sokarlar. Daha basit bir deyişle S şeklini alırlar.

Gagalı yunuslar hayli ilginç bir kur yapma ritüeli sergilerler. Erkek ve dişi yunuslar birbirlerine seslenir ve ağız ağza gelerek "öpüşürler". Daha sonra birbirlerinin genital organlarına ve vücutlarına sürtünür, birbirlerinin yüzgeçlerini okşar ve hareketli bir kovalamaca oyunu oynarlar. Son olarak, birbirlerine olan şefkatlerini kafa tokuşturarak gösterirler.

Erkek midshipmen balığının, kur yapmaya karşı oldukça değişik bir yaklaşımı vardır. Türün erkekleri iki gruba ayrılırlar: İlk grubun olgunlaşması uzun sürer, güçlü bir ses sistemi geliştirir ve güzel yuvalar yapmayı öğrenirler. İkinci gruptakiler bütün gücünü cinsel olgunlaşmaya harcar ve vücut ağırlıklarının yüzde 10'una ulaşan erbezleri büyütürler. Ayrıca kalıcı bir yuva yapma zahmetine girmezler. Çiftleşme zamanı geldiğinde iki grup arasındaki fark daha da belirginleşir: Yuva yapanlar, nazik bir şekilde melodik mırıldanmalarla dişileşerek kur yaparlar. Daha maço diğer balıklar kur yapma zahmetine girmez. Buldukları ilk yuvayı zapt eder ve yakaladıkları ilk dişiyle çiftleşirler.

Erkek kaplumbağaların dişilere kur yapmak için kullandıkları çeşitli yöntemleri vardır. Dişiler genellikle cinsel ilişkiye karşı isteksiz ve şehvetli bir erkek kendilerine yaklaştığında, çekip gitmek eğilimindedirler. Romantik kaplumbağalar, kalmaya ikna etmek için dişileri ön ayaklarıyla gıdıklarlar. Erkek kaplumbağa dişiyi razı etmek için ön ayaklarıyla dişinin kapalı gözkapaklarının üzerinde tam tam çalar. Erkek eğer dişinin razı olduğunu hissederse, bu durumdan yararlanmak için hemen arkasına geçer.

Ancak bu yöntem her zaman işe yaramaz, bu yüzden başka erkekler doğrudan eşlerinin ayaklarını yahut da kabuklarını ısırarak onları hareketsiz bırakır. Sonra da dişinin üstüne abanarak işlerini görürler.

Kuzey Amerika'da yaşayan bir yılan türünün erkeği, uygun durumdaki bütün dişileri ele geçirmek için çok hilekârca bir yönteme başvurur. Kırmızı şeritli jartiyerli yılan derisinden dişilere özgü bir kimyasal madde yayar ve diğer erkek yılanları kandırarak kendisiyle çiftleşmelerini sağlar. Bilim insanları, erkek yılanların, bunu rakiplerinin enerjilerini tüketmek için yaptıklarına inanıyor. Travesti erkekler, daha sonra gerçek dişilerle istedikleri kadar çiftleşebilirler.

# Eşleşme Oyunu

## *Hayvanlar Âleminde Cinsellik*

Hayvanların seks hayatı çılgın bir çeşitlilik gösterir. Dişi aslan azdığı zaman, beş gün ve gece boyunca, durmaksızın cinsel ilişkiye girmek ister. Şeçici olmaktan saşılacak kadar uzak olan dişi şempanzelerin on beş dakika içinde sekiz ayrı erkekle çiftleştikleri bilinmektedir. Diğer uçta ise yılda sadece iki kez cinsel ilişkiye giren bazı penguenler vardır (Bu gerçeğin, penguenlerin cinselliğinin düpedüz tuhaf oluşuyla çok ilgisi vardır ve eşcinselliğin penguenler arasında yaygın olması da bundan bağımsız olmasa gerek). En monogam yaşam biçimine sahip hayvan türü olan sümüklüböceklerle kıyaslandığında, penguenler bile uçkuruna düşkün sayılırlar. Bazı sümüklüböcekler, bütün yaşamları boyunca yalnızca bir kez cinsel ilişkiye girerler.

Yalnızca insanlar, yunuslar ve muhtemelen köpekler zevk için sevişirler. Bununla birlikte, dişi domuzlar da aşk hayatlarından biraz olsun tatmin sağlıyor olabilirler; çünkü orgazmları yarım saat sürer.

Buffaloların cinsel ilişkisi sadece beş saniye sürerken, yapışık sineklerin cinsel ilişkisi aylarca sürer. Daha ufak olan erkek, dişinin sırtına yapışır ve kendisi bir yandan onu döllerken, bırakır dişisi hayatını bildiği gibi sürdürsün. Biyologlar, erkeğin bu "aşırı sahiplenme" tutumunun diğer erkekleri uzak tutmanın ve dişinin yumurtalarının yalnızca kendisi tarafından dölleneceğini garanti etmenin bir yolu olduğuna inanıyor.

Bonobo, diğer adıyla pigme şempanze, öpüşürken dilini kullanan yegâne hayvan türüdür.

Kaplan ve aslan birbiriyle çiftleşebilir. Eğer yavrunun babası kaplan ise hayvana kapslan (tigon), aslan ise asplan (liger) denir.

Horoz çiftliğin kazanovasıdır. Güçlü bir horoz, tavuklarla on dakika ile bir saat arasında değişen sürelerle çiftleşir. Buna rağmen hemen arkasından bir başka tavuk kendini sunduğu takdirde, horoz genellikle görevden kaçmaz. Bunun nedeni, horozun gerektiğinde kullanmak üzere spermlerini depolama yeteneğinin bulunmasıdır.

Denizlerde yaşayan yassı solucanlar belki de en tuhaf cinsel ilişki kurma biçimine sahiptir. Bilim insanları yassı solucanların çiftleşme biçimini "penis eskrimi" diye adlandırmışlardır. Yassı deniz solucanları sivri uçlu ikişer penise sahip, hermafrodit hayvanlardır. Çiftleşme ritüeli, iki yassı solucanın birbirlerinin derisini penisleri ile delmek için yarışmalarından ibarettir. Başarılı bir atak yapan ilk yassı solucan erkek olma hakkını kazanır ve spermlerini aktarır. "Kaybeden" yassı solucan, yumurtaların içinde büyümesine izin vermek gibi zahmetli bir işi yükümlenmek zorundadır.

Hamamböceklerinin yirmi birleşmesinden ancak biri başarılı olur. Erkek hamamböceği dişiyi spermlerle dolu bir kapsül olan spermatofor aracılığıyla döller. Ama bu kapsül proteince öylesine zengindir ki, dişi çoğu zaman kapsülü yer.

Yaykuyruk böceği en özenli ve kesinlikle en güzel çiftleşme ritüellerinden birine sahiptir. Erkek bir dizi sperm dolu spermatofor üretir ve bunları bir daire şeklinde yan yana dizerek dişinin çevresine yerleştirir. Daha sonra dişiyi bu dairenin dışına çıkarmak için hazırlanmış, canlı bir kur yapma dansına başlar. Dişi erkeğin hipnotik dansının büyüsüne kapıldığında erkeğin kurnaz planı devreye girer: Sperm paketleri öyle yerleştirilmiştir ki, birinden birinin dişinin genital açıklığından geçeceği neredeyse kesindir. Böylece döllenme gerçekleşir.

Karayip mercan resiflerinde yaşayan mürekkepbalıklarının çiftleşme ritüeli zarafette yaykuyruk böceğine yaklaşır. Erkek mürekkepbalığı, genellikle, dişinin başı üzerine bir paket sperm yayar.

Cinsellik, çoğunlukla çılgınca bir iştir. New Mexico'da yaşayan kürek ayaklı kara kurbağaları dünyanın en sıcak yerlerinden birinde yaşarlar ve kırk sekiz santigrat dereceyi bulan sıcaklıklarla yüz yüze gelirler. Bu yüzden, yılın on ayını yerin altında yaşayarak geçirirler. Yağmurlu mevsim gelip de yeryüzüne çıktıklarında, cinsel dürtüleri yüzünden ateşleri başlarına vurmuş durumdadırlar. Bu kısa zamanı yerüstünde çılgın bir toplu seks yaparak geçirirler. Yeniden yeraltına döndüklerinde, çoğu dişi bin civarında yumurta yumurtlayacaktır.

Böcekler arasında kum yabanarısının hayatı herhalde en az romantik olanıdır. Erkek ve dişiler yerin derinlerindeki deliklerde yumurtadan çıkarlar. Ancak yuvayı farklı zamanlarda terk ederler; erkekler daha önce çıkar. Erkekler hızlı bir şekilde cinsel olgunluğa ulaşır ancak ortalıkta çok fazla erkek ve az sayıda dişi olduğu gerçeği yüzünden hüsrana uğrarlar. Bunun sonucunda, cinsel olarak henüz olgunlaşmış bir dişi kum yabanarısı ne zaman delikten kafasını çıkaracak olsa bir düzine erkek anında üzerine çullanır. Aralarından biri galip gelerek, dişiyi altına alıp çiftleşinceye kadar dişi yabanarısı birbiriyle dövüşen erkek yabanarıları kümesinin altında gömülü kalır.

Erkek jartiyerli yılanların da, aynı şekilde, karşı cinse yönelik hiç nazik olmayan tutumları vardır. Yılanlar kış boyunca yeraltındaki oyuklarda kış uykusuna yatar ve ancak yazın sıcaklıklar uygun düzeye ulaşınca yer üstüne çıkarlar. Erkekler önce çıkar, kitle halinde yüzeye akar ve sonra oyuğun ağzında beklemeye başlarlar. Hemen sonra, dişiler birer birer oyuktan çıkmaya başlar. Bir dişi oyuktan dışarı çıkar çıkmaz, sayıları yüzü bulabilen potansiyel eş erkek, dişinin üzerine atlar ve dişiyi kıvıl kıvıl devinen bir top gibi sarar. On beş dakika içinde dişilerin oviduktusları spermle dolar.

Bununla birlikte, hayvanlar âleminde, romantizm tamamen ölmüş değildir. Âşık balinalar, karasevdaya tutulmuş ergenler gibi davranırlar. Erkek ve dişi güney "doğru" balinaları çiftleşmek için bir araya geldiklerinde birbirlerini okşarlar, yüzgeçlerini birbirlerininkine dolayarak sarılır ve kucaklaşırlar. Sonra yan yana uzanır, deliklerinden su püskürtürler. Romantik ritüellerini, suda mükemmel bir uyumla sıçrayarak tamamlarlar.

# HAYVAN ORGANLARI

## Hayvanların Cinsel Organları Hakkında Bazı Tuhaf Bilgiler

BİRÇOK HAYVAN TÜRÜNÜN iki penisi vardır. Örneğin, erkek köpek balıklarının iki adet rulo halinde dürülmüş pelvik yüzgeçleri vardır. Yılanlar, kertenkeleler ve bazı kabuklu hayvanlar da aynı şekilde kutsanmışlardır. Çiftleşirken, iki penisinden istediğini kullanma şansı olan erkek kertenkeleler, penislerini genellikle sırayla kullanma eğilimindedir. Bilim insanları, kertenkelelerin, her defasında sperm mevcudu en iyi olan penisini kullandığı kanısına varmışlardır.

Örümceklerin de ikişer penisleri vardır ve bu organlar örümceklenin ağızlarının bir parçası olarak uyarlanmışlardır.

Kulağakaçanların da ikinci bir cinsel organı vardır. İki organa sahip olmalarının nedeni, birinin cinsel ilişki esnasında tahrip olma ihtimalidir. Risk de az değildir çünkü kulağakaçanların penisleri vücut uzunlukları olan bir santimetreden daha uzun olabilir ve öylesine kırılgandır ki, çiftleşme sırasında kolaylıkla çıt diye kırılabilir.

Kırmızı gagalı erkek buffalo dokumacı kuşunun sahte bir penisi vardır. Bu organ, türün epeyce şehvet düşkünü olan dişisini uyarmaya yarayan bir cinsel araçtır.

Arjantin'de yaşayan bir göl ördeği, en çarpıcı penislerden birine sahiptir. Ördeğin kendisi kırk bir santimetre boyundadır ama penisi tam uzamış haldeyken yarım metreyi bulur. Penisin ucu bir fırça gibi yumuşakken, tabanı dikenlerle kaplıdır. Biyologlar fırça ucun, dişinin yumurta kanalında daha önce gerçekleşmiş cinsel ilişkilerden kalan spermleri temizlemeye yaradığına; dikenlerin ise, istediği konumda kalması için ördeğe yardımcı olduğuna inanmaktadır. Burgu şeklindeki penis, gerekmediği durumlarda kuşun karnının içine geri çekilir.

Güney "doğru" balinaları, bütün balinalar arasında vücut büyüklüğüne kıyasla en büyük penise sahiptir; penisleri, iki buçuk metre uzunluğundadır. Yine de, en etkileyici varlıkları testisleridir. Her bir testis bin kilogram ağırlığındadır ve hayvanlar âleminin en büyük testisleri olduklarına inanılmaktadır. Deniz biyologlarına göre, doğru balinaların taşıdığı sperm miktarı, çiftleşme sırası geldiğinde salınan spermler, daha önceki çiftleşmelerden kalmış olabilecek spermleri yıkayıp çıkaracak kadar güçlü bir etki yapar.

Ağ yapan örümcekler de şanslılardandır. Erkeklerin, kendilerinden çok daha büyük olan dişileriyle çiftleşebilmeleri için, "pidepalp" denilen, ikişer adet dev cinsel organları vardır. Bu organlar öylesine büyüktür ki, vücut ağırlığının yirmide birini oluşturur ve örümcekleri yavaşlatır. Bu dev organları taşıyıp durmaktan yorulan örümcekler yetişkinliğe ulaştıklarında birini keser atarlar.

Domuzların penisleri burgu şeklindedir. Her cinsel birleşmede yarım litre semen fışkırtırlar.

Böcekler en karmaşık cinsel organlara sahip hayvanlardır.

Avrupa tavşan piresinin genital organları, bir vücut bölümünden çok, bir saatin içindeki aygıtlara benzemektedir. Sanki bu hayvanlara yaylar, manivelalar, çengeller ve dikenler iliştirilmiş gibidir. Hamamböceğinin, çeşitli parçalardan oluşan ve İsviçre çakılarına benzeyen tuhaf bir aleti vardır. Bazı helikopter böceklerinin penislerinin ucunda dikenli kamçılar vardır.

Tahtakurumla yatan kim?

Erkek tahtakuruları, dişinin bir başkasıyla çiftleşip çiftleşmediğini tespit edebilen kıllarla donanmış "zeki" penise sahiptirler. Tahtakurularının cinsel ilişkilerinin şiddetli doğası dikkate alındığında, dişi tahtakurularının da önlerine gelenle cinsel ilişki isteyip istemeyecekleri de apayrı bir sorudur: Erkeklerin, dişileri karnından sokmak için kullandıkları iğne şeklinde penisleri vardır.

Geçmişte bütün kuşların penisleri varmış. Şimdi yalnızca yüzde 3'ünün penisi var ve kuğular bu penisi olan azınlık içinde yer alırlar.

Meyve sineği kendi vücut uzunluğunun yirmi katı uzunluğunda sperm üretir. Bu, insanların elli metre uzunluğunda sperm üretmesine eşdeğerdir.

# TEHLİKELİ ALAKALAR

## Cinsellik (Yahut Yokluğu) Nasıl Ölüme Neden Olur?

AVCI PEYGAMBER böceklerinin erkeklerinin cinsel ilişkide bulunmaları, canlarına mal olur.

Pek çok böcek türünde kur yapma diye bir şey yoktur. Bunun yerine dişiler, kendilerinden izin bile istemeyen erkeklerin üstlerine atlayıp, çiftleşmeye başlamasını beklerler. Ama bunu yaparken bir koşula uymaları şarttır. Erkekler bu manevrayı yaparken doğru ve önlemli davranmaya mecburdur: Arkadan gizlice yaklaşıp dişinin üstüne atlamalı ve onu sıkıca tutmalıdır. Eğer böyle yapmazsa, dişi ona yaptığını müthiş pahalıya ödetebilir: Kafasını kopararak.

Bazı peygamber böceği türlerinde, erkeğin cinsel ilişkiyi canlı bitirme şansı yoktur. O dişiyle çiftleşmeyi sürdürürken, dişi de kafasından başlayarak, bir yandan onu yiyip bitirecektir. Araştırmalar, dişilerin bunu çok iyi bir nedenle yaptıklarını göstermektedir: Beynini vücudundan ayırarak, erkeğin kafasının içinde bulunan ve cinsel ilişki sırasında erkeği engelleyen sinirleri etkisiz kılmış olur. Bir kez kafası koptu mu, erkek bütün engelleyici mekanizmalardan kurtulmakta ve dişiyle yeterince uzun süre ve tekrar tekrar çiftleşmeye devam etmektedir.

Bazı erkekler, eşlerine yem olmayı garantilemek için ne gerekirse yaparlar.

Avustralya'da yaşayan kırmızı sırtlı örümcekler karadul örümceğiyle yakın akrabadır ve erkekleri sanki "ye beni" der gibi, karnını kendisinden çok daha iri olan eşinin çenesine dayar. Dişi bu arzuya genellikle uyar ama erkeği birden öldürmez. Erkeğin yeniden çiftleşmek için yer değiştirmesine izin verir. Dişi çiftleşme süresince erkeği yemeye devam eder. Hatta kalan kısmı daha sonra yemek üzere "paket yapar."

Bilim insanları, kırmızı sırtlı örümceklerin üç sebeple bu şekilde cinsel ilişki sırasında intihar ettiklerini düşünüyor: Birincisi, eşleri tarafından yenilen örümcekler daha uzun süre cinsel ilişki kurmakta ve böylece iki kat fazla yumurta dölleyebilmektedir. Ayrıca, dişilerin erkeği yedikten sonra diğer erkekleri reddetmesi ihtimali daha yüksektir. Bu da intihar etme eğilimi olan erkeğin dişinin yavrularının babası olması şansını artırmaktadır. Son olarak da erkeğin yaşam süresi iki yıl kadar yaşabilen dişiye kıyasla kısa, ortalama birkaç aydır. Her halükârda yüksek olasılıkla bir daha çiftleşemeyecektir.

Böcekler dünyası bir sürü erkek yiyiciyle dolu olmasına rağmen, bir tür ateşböceğinin dişisi kadar çıkarcısı az bulunur. Bu böcekler, dişiliklerini erkeği baştan çıkarıp diri diri yemek için kullanırlar. Görünüşe göre bunun seksle yahut egemenlikle de ilgisi yoktur. Bu türün erkekleri, ateşböceklerinin baş düşmanları olan örümceklere karşı doğal bir savunma sağlayan bir tür kimyasal madde salgılar. Dişide bu örümcek karşıtı serum bulunmaz. Bir erkeği bütün bütün yiyerek, dişi kendisine bağışıklık sağlayacak olan bu kimyasal maddeden bir doz sağlamış olur.

Huni ağlı dişi örümcekler, cinsel ilişkiden sonra erkeklerini yemek eğilimindedir ama bazı erkekler bu kaderden kaçmak için zekice bir yol geliştirmişlerdir. Dişiyi kendinden geçiren ama çiftleşmesine engel teşkil etmeyen bir doz bayıltıcı gaz çıkarırlar.

Dişi peşinde koşan meyve sinekleri hızlı sevişir ve genç ölürler. Dişileri baştan çıkarmak için yaşadıkları stres ve harcadıkları fiziksel güç erkeklerin yaşam süresini kısaltır.

Başarılı bir damızlık olmanın gerekleri çok zorlayıcı olabilir.

İş sekse gelince, fil ayıbalıklarının erkekleri en maço hayvanlar arasında yer alırlar. Dört ton ağırlığındaki bu devasa yaratıklar, üreme sahalarına egemen olmak için vahşi kavgalar ederler. Daha küçük üreme topluluklarında, yalnızca alfa ayıbalığı denilen şef çiftleşme hakkına sahiptir. Bu yüzden, aralarından biri zafer kazanana değin rakipler birbirlerinin göğüslerine kafa atar, yüzlerini tırmalar ve dişleriyle birbirlerinin derilerini yırtarlar. Bütün bunlara rağmen kazanılan onur tartışmalıdır. Bir alfa erkek, içinde her biriyle çiftleşmek zorunda olduğu elli kadar dişi bulunan bir hareme sahip olabilir. Diğer erkekler o denli rekabet içindedirler ki, alfa erkek en tepedeki yeri kazandıktan sonra bile, yerini gasp etmek isteyen diğer erkek ayı balıklarının daimi tehditlerine maruz kalır. Sonuç olarak, yüz gün boyunca yemek yiyemez ve müthiş strese maruz kalır. Gerilimi öylesine yoğundur ki, erkek fil ayıbalığının hareminin kralı olması hayli kısa ömürlüdür. Ancak çok küçük bir azınlık üç üreme sezonu boyunca en tepedeki yerlerini koruyabilir. Büyük çoğunluğu yaşadığı sahanın damızlığı olma unvanını kazanmasını izleyen bir yıl içerisinde ölürler.

Çoğu türün erkeği için cinsel ilişki saplantı halindedir ama bunu güve kadar takıntı haline getirmiş olan az bulunur. Seks delisi erkek güve potansiyel bir eşin kokusunu aldığında işitme yeteneğini bile yitirir ve yarasa gibi düşmanlarına karşı savunmasız kalır. Bu intihar eğilimli libidonun, güvenin yaşama süresiyle bir ilgisi olsa gerek. Yalnızca iki hafta yaşar.

Mclworm böceklerinin erkekleri, kelimenin tam anlamıyla gelirken gitmeyi isterler. Bir araştırmaya göre, bu böcekler ölürken bütün bağışıklık sistemlerini kapatmakta ve bütün enerjilerini dişileri cezp etmeye yarayan seks feromonları üremeye harcamaktadırlar.

Erkek balarısı da boşalırken gider. Boşalırken patlar. Bununla beraber, vücudunun kalanı mahvolduğu halde, cinsel organı dişinin içinde kalır. Böylece dişinin yeniden çiftleşmesini engelleyen bir tür böcek bekâret kemeri gibi iş görmeye devam eder.

Dişi bok böcekleri, bir erkekle ilk kez birleştiklerinde öylesine bir titremeye tutulurlar ki, görüntüleri bulanıklaşır. Belki de bu kadar utangaç bakireler olmalarına o kadar şaşmamak gerekir. Çünkü çiftleşme sırasında erkek bok böceğinin penisi dişinin üreme kanalını öylesine tahrip edebilir ki, artık başka sineklerle çiftleşemez hale gelir.

"Quoll" denilen, dağ gelinciğine benzeyen bir tür keseli hayvan için de cinsellik ölümcül bir iştir. Bir üreme sezonundan sonra ölürler.

Pasifik somon balıkları için çiftleşme süreci tüketicidir. Bu balıklar üremek için binlerce kilometre kat ederler. Bu iş yeterince meşakkatli değilmiş gibi, dişilerin hormonları yavrulara daha geniş bir yer açılsın diye midelerini çözer. Üreme sahasına vardıklarında da çileleri bitmez. Erkekler çiftleşme hakkını kazanmak için hiddetle kavga ederken, dişiler de yavrulamak için en uygun yeri kim kapacak diye dövüşürler. O yüzden, kitlesel üreme gerçekleşip de milyonlarca döllenmiş yumurta meydana getirdikten sonra balıklarda hiç enerji kalmaz. Hepsi birden ölürler.

Tıpkı insanlar arasında olduğu gibi, hayvanlar arasında da cinsel ilişki sağlık açısından riskler taşıyabilir. Primatlardan böceklere kadar çeşitli türlerde iki yüzden fazla cinsel yoldan bulaşan hastalık tespit edilmiştir.

Klamidya ve mantar kuşlarda cinsel yolla bulaşır. Klamidya koala ayıları arasında da yaygındır ve aralarında pnömoni, artrid ve kısırlığın da bulunduğu başka hastalıklara da yol açabilir. Hayvanların da kendi özel AİDS'leri vardır: Ölüme yol açabilen bir bağışıklık sistemi yetersizliği. Maymunlar bu hastalığın maymun versiyonuna, aslanlar kedigiller versiyonuna yakalanırlar. Uğurböcekleri gibi kimi böcekler, parazitik maytlar tarafından taşınan AİDS benzeri bir virüs yüzünden ölebilirler.

Çok az hayvan cinsellik yüzünden filler kadar tahrik olur. Çiftleşmeye hazır olduklarında, erkek filler "muth" olarak adlandırılan, oldukça huzursuz bir döneme girerler. Muth sözcüğünün Farsçada "sarhoş" anlamına gelen bir sözcükten kaynaklanması tesadüf değildir. Bu durumdayken erkek fillerin testosteron düzeyi normalin elli hatta altmış katına çıkar. Yanaklarında bulunan basketbol topu büyüklüğündeki bezelerden kekre bir koku yayar, günde üç yüz litreye varan miktarlarda idrar çıkarır; genellikle huysuz ve saldırgan olurlar. Fil bir hafta ile dört ay arasında bu halde kalabilir. (Dişilerin her dört ayda bir yalnızca kırk sekiz saat için österusa girerek çiftleşmeye uygun hale geldikleri gerçeğinin erkeklerin uğradıkları hayal kırıklığına faydası olmadığı açıktır. Dişiler, ayrıca, erkeğin salgılarından birlikte üremek için nitelikli bir eş olup olmadığını anlayabilir ve uygun bulmadıklarını reddederler.) Bu haldeyken çiftleşme olanağı bulamamanın filde yarattığı çaresizliğin etkileri ölümcül olabilir. Bu durumdaki erkek filler kilo kaybedebilir ve şiddetli baş ağrıları çekebilirler.

Çiftleşme zamanı devekuşunun sisteminde akan testosteron düzeyi, hayvanı parlak kırmızı renge büründürür. Devekuşunun yüzü, bacakları ve uzun boynu kıpkırmızı olur. Erkek devekuşunun çaresizliği arttıkça daha da kızarır.

Dişi bir dağ gelinciğinin kızgınlık süresi 160 gün sürebilir ve bu süre boyunca çiftleşecek bir eş bulamazsa kansızlıktan ölebilir.

# ÜREME DENETİMİ

## *Hayvanların Doğum Kontrol Yöntemleri*

KEREVİTLER kendilerini klonlarlar. Bir kerevit türünün dişisi herhangi bir erkekle teması olmaksızın yumurtlamakta ve buna rağmen, döllenmemiş yumurtalar kendi kendilerine olgunlaşabilmektedir. Bu olaya partenojenez adı verilir. Afrika hamamböcekleri de benzer bir yöntemle kendi kendilerini klonlayabilirler.

Yılanlarda bakireyken yavrulamaya rastlanabilir. Aralarında çıngıraklı yılanın da olduğu pek çok türün dişisi, herhangi bir erkekle temas etmedikleri halde üreyebilmektedir. Bilim insanları, bunu nasıl yapabildiklerini henüz anlayabilmiş değiller.

Dişi cırcırböceği gibi her önüne gelen erkekle çiftleşen hayvanlar aynı erkekle tekrar çiftleşmemek için önlem alır. Cırcırböcekleri her gece en azından iki erkekle çiftleşirler. Bu yüzden dişiler her çiftleştikleri erkeği, tekrar onunla çiftleşme hatasına düşmemek için bir kokuyla işaretler.

Buna martı yeteneği diyebilirsiniz. Dişi kittiwake martıları, üremek için kullanacakları spermin kalitesi hakkında öylesine titizdir ki, çiftleşecekleri erkeği çok büyük bir dikkatle seçerler. Erkek martılar, pek çok kuş türünün erkeğinde olduğu gibi, yumurtayı döllemeden önce uzun süre boyunca sperm depolarlar. Ancak, çiftleşme sürecinin başlamasını beklerken depolanmış olan stokları fışkırtırlar ki, yerine daha taze stoklar koyabilsinler. Bu kuşları inceleyen araştırmacılar, dişinin seçici davranışının anlaşılabilir olduğunu tespit etmişlerdir. Yumurtalarını beklemiş, bayat spermlerle döllemiş martıların yumurtaları civciv çıkarmakta yetersiz kalmakta, yavru çıkması halinde de bu yavrular taze spermle döllenmiş yumurtalardan çıkan yavrulara kıyasla, daha sağlıksız olmaktadırlar.

Bazı anneler erkek ve dişi yavru yapmak için farklı türden babaları seçmektedir. Örneğin, dişi kertenkeleler, erkek yavrulamak için daha iri erkeklerin, dişi yavrulamak için de daha ufak yapılı erkeklerin spermlerini kullanırlar.

Bazı hayvanların, yumurtalarını döllemeden önce, haftalar, aylar hatta yıllarca beklemelerine olanak veren kendi sperm bankaları vardır. Java Adası'nda yaşayan bir yılan türü spermlerini sekiz yıl boyunca depolayabilirken, başka yılan ve kaplumbağa türlerinde bu süre dört veya beş yıldır. Hindiler bütün kuşlardan daha uzun süre spermlerini saklayabilirler: Tam 117 gün. Öte yandan, koç ve domuzlar spermlerini sadece iki gün süreyle depolayabilir.

Erkekler de doğum kontrolü uygular. Afrika kırkayakları, dişinin yumurtalarının kendileri tarafından döllenmesini garanti altına almak için çok kurnazca bir yöntem kullanır. Kendi spermlerini dişiye salmadan önce daha önceki çiftleşmeden kalan spermleri dişinin içinden kazıyıp atarlar.

Daha güçsüz olan erkek iguanalar, kendilerini eşlerine saklarlar. Çiftleşme esnasında daha büyük iguanalar tarafından engellenebileceklerinin farkında olan güçsüz iguanalar, önceden boşalır ve spermlerini gerektiğinde kullanmak üzere hazır tutarlar.

Bazı meyve sineklerinin erkekleri, dişilerinin sadık kaldığından emin olmak için çok cin fikir bir yöntem kullanmaktadır. Bu sineklerin menileri dişinin içine yapışmalarını sağlayan ve böylece yumurtlayabileceklerinden daha fazla yumurta üretmelerine yol açan bir protein içerir. Dişi meyve sinekleri, olağan olarak iki gün içinde başka erkeklerle çiftleşebilecekleri halde, yapışkan sperm dişinin on gün boyunca diğer erkeklerden kaçınmasını garanti altına alır.

Okyanuslar, durum gerektirdikçe cinsiyet değiştiren transseksüel balıklarla doludur.

Örneğin, mavi kafalı çırçır balığı, daha iri olan erkeğin dişileri kontrol ettiği bir haremde yaşar. Eğer erkek grubu terk ederse, haremdeki dişilerin en irisi onun yerine geçer. Yeni durumuna uygun olarak da cinsiyetini değiştirerek erkeğe dönüşür.

Bunun tersi de palyaço balıklarında görülür. Genellikle dişinin daha irice olduğu tek eşli çiftler halinde yaşarlar. Eğer dişi giderse ve yerine gelen dişi, erkekten daha küçükse en fazla sayıda yumurtayı üretebilmek için erkek ve dişi rollerini değiştirirler.

Bir başka cinsiyet değiştirebilen balık türü olan Japon kaya balıkları erkekten dişiye, sonra yine erkeğe ve yeniden tersine olmak üzere, yaşamları boyunca on kez kadar cinsiyet değiştirebilirler. Bu hermafrodit balıkların, doğuştan hem yumurtalıkları, hem de testisleri vardır; böylece hem yumurta, hem de sperm üretme yeteneğindedirler. Denizler âleminin en işini bilen transseksüeli, belki de, seçeneklerini hep açık tutan ve her daim her iki cinsiyete de sahip olan bir tür deniz levreğidir. Bu levrek türü, otuz saniye içinde sperm üretmekten yumurta üretmeye geçebilir.

Bazı türler, seks olmaksızın da hayatlarından yeterince memnundurlar. "Bdelloid rotifier" adlı, nemli bataklıklarda yaşayan minicik bir yaratık, döllenmeksizin olgunlaşıp yeni yavrular üretebilen yumurtalar yumurtlar. Hayvancığın yöntemi gayet iyi işliyor olsa gerek; çünkü beş milyon yıl boyunca varlığını seks olmadan da sürdürmeyi becermiş gibi görünüyor.

# Tıpkı İnsanlar Gibi

## *Hayvanlarda Eşcinsellik*

Bu konudaki en etraflı araştırma eşcinselliğin pek çok türde yaygın olduğunu ortaya koymuştur. Eşcinsel ilişkiler kuran türler arasında aslanlar, zürafalar, balinalar, yunuslar, kirpiler ve vampir yarasalar bulunmaktadır. Lezbiyen martıların yuvalarını paylaştıkları ve yavrularını birlikte yetiştirdikleri; erkek deniz ayılarının eşcinsel orjiler yaptıkları ve erkek devekuşlarının başka erkekleri baştan çıkarmak amacıyla dans ettiği, bu araştırmanın aydınlatıcı bulgularından bazılarıdır. Aslanlar, eşcinsel çiftleşme ritüeli içinde başlarını birbirlerine sürter ve birbirlerine sarılarak yuvarlanırlar. Benzer şekilde, aynı cinsiyetten balinalar ve yunuslar da yüzgeçlerini birbirine kenetlerler. Erkek zürafalar, uzun uzun ve tutkuyla kucaklaşırlar. Çalışmalar, eşcinsel hayvanlar arasında, oral seksin yaygın olduğunu göstermiştir. Kirpiler karşılıklı olarak birbirlerinin cinsel organlarını yalar ve erkek orangutanlar oral seks yaparlar.

Eşcinsel yunuslar, aralarında penisin nefes deliğine sokulduğu burun seksi ve cinsel organların ses titreşimleriyle uyarıldığı sonik seksin de bulunduğu çok tuhaf kimi cinsel davranışlara sahiptir.

Eşcinsel çiftlik hayvanlarına da sık rastlanır. İnekler sık sık birbirlerine binerler ama bunu boğaya çiftleşmek istediklerini göstermek için yaparlar. Güya seks delisi olması gereken koçlar da gebe bıraksın diye koyunlarını kendilerine getiren çobanları hayal kırıklığına uğratırlar. Koçların yüzde 16'sı, bir başka deyişle altı koçtan biri, üreme dönemi süresince dişilerle çiftleşmez. Yüzde 6'sı seksle hiç ilgilenmez ve yüzde 10'u da eşcinseldir.

Eğer bu konudaki çalışmalardan biri doğru ise Brokeback Dağları'ndaki tek eşcinseller kovboylar değiller. Yirmi yıl boyunca bu dağlardaki yabani koçların davranışlarını inceleyen bir araştırmacıya göre, bu hayvanlar esas olarak eşcinsel bir toplumda yaşıyor.

Batı kara kurbağalarının erkeklerinin, iş dişilere gelince çok temel bir problemleri vardır: Dişilerle kendi hemcinsleri arasındaki farkı anlayamazlar. Ama üreme mevsiminde bunun kendilerine engel olmasına da izin vermezler: Eğer potansiyel bir eş görürlerse, hemen yakalar ve cinsiyetine aldırmaksızın çiftleşmeye çalışırlar. Bu yüzden de eşcinsellik yaygındır.

Ahtapotun eşcinselliğinin sebebi tamamen farklıdır. Derin denizlerde yaşayan bu yaratığın nüfusu çok az olduğu için, bir ahtapot hayatı boyunca pek az çiftleşme şansı yakalayabilir. Deniz biyologları, ahtapotun bu yüzden rastladığı her ahtapotu, sonuçta üremenin mümkün olup olmadığını gözetmeksizin, cinsel açıdan dikkate almak zorunda olduğu kanısındalar. Eşcinsel davranış hem doğal ortamlarında, hem de tutsak edildiklerinde görülmektedir.

Atlantik gagalı yunusların da cinsel ilişki için eş bulmakta zorlandığı ve bu gözü dönmüşlükle rastladıkları başka canlılarla çiftleşmeye çalıştıkları görülmüştür. Yunusların bu tür ilgisine maruz kalan yaratıklar arasında köpekbalıkları, deniz kaplumbağaları, foklar, yılan balıkları ve hatta insanlar bulunmaktadır. Bu yunus türünde eşcinselliğin ve mastürbasyonun yaygın olması, bu nedenle, şaşırtıcı sayılmaz.

Eşcinsellik Japon makak maymunlarının hem erkeklerinde, hem de dişilerinde gözlemlenmiş olmasına karşın dişiler arasında özellikle yaygındır. Bir araştırma, dişi maymunların üreme dönemi boyunca ortalama yedi farklı eşle ilişki kurduğunu ama bunların ancak yarısının erkek olduğunu ortaya koymuştur. Bu durumun, erkekler ilişkiden sonra hemen çekip giderlerken dişilerin birbirlerini tımar etmek, beslemek ve birlikte dinlenmek için ilişkiden sonra birlikte zaman harcadıkları gerçeğiyle bir ilişkisi olabilir.

Humboldt penguenlerinin eşcinsel birliktelikleri özellikle güçlüdür. Bir Alman hayvanat bahçesinde, altı penguenden oluşan eşcinsel gruba, birkaç dişi katılarak eşcinsel grup bozulmaya çalışılmış ama fena halde başarısızlığa uğranmıştır. Erkekler daha da yakınlaşmış ve dişilerin üremek için ilgi gösterdiklerini hissettikleri anda sanki yuvalarında bulunan taşlar yumurtaymış da onlar da kuluçkaya yatmışlarmış gibi numara yapmaya başlamışlardır. Bu tür bir davranış dişilerin de ilgilenmekten hızla caymasına neden olmuştur.

Ördekler eşcinsel nekrofillerdir. Hollanda'da bir erkek mallard ördeği, Rotterdam kenti doğa müzesinin cam cephesine bindirerek ölmüş olan bir başka erkek ördekle çiftleşmeye çalışırken gözlemlenmiştir. Dehşet verici olaya tanık olan ve bu olayı ilk kez kayıt altına alan kişi olan müze yöneticilerinden biri, canlı ördeğin bir saat on beş dakika boyunca ölü ördeğin üzerine bindiğini izlemiş ve daha fazla izlemeye dayanamayınca kuşları ayırmış ve ölü ördeğe otopsi yapmıştır.

# Ölüm Bizi Ayırana Kadar

## *Hayvanlarda Sadakat ve İhanet*

ENDER RASTLANMASINA KARŞIN hayvanlar âleminde de sadakat vardır. Kuşlar, diğer hayvanlara kıyasla, eşine en çok sadık kalan hayvanlardır. On kuştan dokuzunun sosyal olarak aynı eşle kaldığına ve tek eşli yaşadığına inanılmaktadır. (Bu durum memeli türlerinde yirmide bir düzeyindedir. Yalnızca gibonlar, çakallar ve tamarinler yüksek sadakat gösterirler.) En sadık kuşların, çift halinde yaşayan ve "evlilik" hayatları boyunca, mütemadiyen birbirlerini gagalarıyla temizleyen, sevip okşayan küçük papağanlar, diğer adlarıyla aşk kuşları olması şaşırtıcı değildir. Buna rağmen, eşlerinin ölmesi halinde, yaslı dulu oynamayı sevmezler ve yeni bir âşık bulmak için zaman yitirmezler. Aynı eşle ömrünü geçirmeye eğilimli olan diğer türler arasında Bewick kuğusu ve dalgalı albatros bulunur. En az sadakat gösteren kuşlar arasında ev kırlangıçları ve çift olma çabaları hep "boşanmayla" sonuçlanan büyük flamingolar bulunur.

Muhabbet kuşları her ne kadar sadık olmakla meşhur iseler de, bazı türler evlilik dışı ilişkiler kurmaktan kendilerini alamazlar. Bazı kuş türlerinin dişilerinin yüzde 75'i yuvalarını paylaştıkları eşlerini aldatırlar. Örneğin, yakalı sinek yakalayan kuşların dişilerinin yüzde 40'ı evlilik dışı ilişki kurar. Çoğu da, alnında büyük beyaz bir nokta taşıyan erkeklere kapılırlar. Bu tür erkekler dişilere çok çekici gelir, çünkü bunların yavruları daha semiz olur.

Sadakatsizliğin bedeli ağır olabilir. Makak topluluklarında gruptaki dişilerle çiftleşme hakkı yalnızca grubu yöneten alfa erkeğine aittir. Başka hiç bir erkeğin dişilerle çiftleşmesine izin verilmez. Buna rağmen, alfa erkeği de yalnızca gruptaki en cazibeli dişileri kattığı bir harem kurma eğilimindedir. Bu haremden dışlanan dişiler, diğer erkeklerle flört eder ve onları alfa erkeği meşgulken şıpın işi bir cinsel ilişki kurma riskine girmeye teşvik ederler. Çoğu bunu başarır ama aynı zamanda buna kalkışanların çoğu da ya da lider tarafından görülür ya da topluluktaki ispiyoncular tarafından ihbar edilirler. Alfa erkeğinin intikamı kanlı ya da ölümcül olabilir.

Amerikan akbabaları aşk üçgenlerinden hiç hoşlanmazlar. Bu devasa avcı kuşlar, bütün hayatları boyunca, büyük olasılıkla yavrularını büyütme biçimlerinden kaynaklanan, doğal olarak tek eşli bir hayat sürdürürler. Dişi üreme zamanı geldiğinde bir tek yumurta yapar ve her ikisi iki yıl boyunca bu yumurtayı korumak, kuluçkaya yatmak ve çıkan yavruyu büyütmek için birlikte uğraşmak zorunda kalırlar.

Ender olarak bir erkek ve iki dişiden oluşan kafası karışık kuş üçlülerine rastlanmıştır. Her iki dişi de yumurtlamış, ancak yalnız kaldıklarında hangi yumurtayı koruyacağını bilmezlermiş gibi yuvanın çevresinde tedirgin bir biçimde dolaştıkları gözlenmiştir. Sonuç olarak, yavrulardan en az biri ölmüştür.

Kılıbık erkek muhabbet kuşları gayet geçerli sebeplerle eşlerinden gizli maceralar yaşarlar. Bir başka dişiyle çiftleşme şansı belirdiğinde, eşinin ihanetin farkına varıp varamayacağını dikkate alarak erkek karar verir. Erkeğin tedbirli davranması anlaşılabilir. Dişilerin ihanete tepkileri kızgınlıkla ötmek ve sivri gagalarıyla erkeği gagalamak olur.

Tek eşlilik konusundaki en titiz tutum, muhtemelen, kara akbabalarınkidir. Bir kara akbaba grubunun herhangi bir üyesi, eşi dışında bir kuşla çiftleşmeye çalışırken yakalanırsa anında etrafta bulunan diğer akbabaların toplu saldırısına maruz kalır.

Marmosetler (ipek maymun) özellikle sadık babalardır. Yumurtlama dönemindeki bir dişinin kokusu, erkekte testosteron düzeyinin tavana yapmasına yol açar. Buna rağmen, eğer erkeğin başka bir dişiden yavruları varsa dürtülerine direnir ve eşlerine ihanet etmezler.

Genç horozların, tavuklarının kendilerine sadık kalmasını sağlayan oldukça etkili bir yöntemleri vardır: Onlarla düzenli olarak çiftleşiyormuş gibi yaparlar.

Genç horozların dişilerden oluşan birer haremleri vardır ve dişilerin aldatmaya yatkınlığı yüzünden tavuklara karşı oldukça mülkiyetçi davranırlar. Genç horozlar onları hoş tutmak için, tavuklara binerek çiftleşiyormuş gibi yapar ancak sperm salmaktan kaçınırlar.

Bu oyuna gelen tavuklar, eğer erkeğin kullandığı çifte standardın farkında olsalar kendilerini çok daha kötü hissederlerdi. Genç horoz eğer yeni bir tavuk keşfederse neredeyse kesin olarak ihanet edecektir. Yalnızca gerçekten çiftleşmekle kalmayacak; kendi arzusuyla, sahip olduğu bütün semeni de dişiye verecektir.

DÖRDÜNCÜ BÖLÜM

# Aile Sorunları

Hayvan Ebeveynliğinin Çile ve Dertleri

BİR AİLE KURMAK ve çocuk yetiştirmek zor ve stresli bir iştir. Sanki çocuk doğurmanın duygusal iniş çıkışları yeterince meşakkatli değilmiş gibi, yavruyu emzirmek, bakmak ve beslemek türünden pek çok sinir bozucu sorun vardır. Doğadaki anne ve babalar bütün bunlarla olduğu kadar sürekli tehdit olan avcılarla da mücadele ederler. Bu arada yavruları yemek isteyen üvey ebeveynler ve üvey kardeşler de ayrı bir derttir. Peki, bütün bunlar için çocuklar ebeveynlerine nasıl teşekkür eder?

# Leylek Ne Zaman Gelir?

## *Hayvanların Üremeleri Hakkında Bazı Tuhaf Gerçekler*

Eğer çevrede başka dişiler varsa dişi çitalar yumurtlamazlar. Erkek çita epey sosyalleşebildiği halde dişi çita, bütün hayvanlar arasında, en yalnız yaşayan hayvanlardan biridir ve bilim insanlarına göre çevrede başka dişilerin varlığı çitanın hormonal döngüsünü altüst eden bir strese neden olur.

Dişi kangurular bir kez ergenlik çağına geldikten sonra sürekli olarak hamile kalabilir ve yavrularını emzirebilirler, ta ki ölünceye kadar.

Zürafalar ayakta doğurur. Yerden o kadar yüksekte olmaları, bebekleri için bir sorun yaratmaz. Çünkü zürafalar doğarken en azından bir metre seksen santim boyundadırlar. Genç zürafalar günde iki buçuk santimetre hızla büyürler ve boyları bir yıl içinde iki katına ulaşır.

Dişi güvercin yalnızken yumurtlayamaz. Yumurtalıklarının çalışması için başka bir güvercini görebilmesi gerekir. Eğer çevrede hiç güvercin yoksa aynadaki görüntüsü de iş görür.

Lebistes türü balıklar, iş yavrulara gelince, komşularına ayak uydurmaktan hoşlanırlar. Lebistes dişisi etrafta ne kadar fazla sayıda dişi görürse o kadar fazla yumurta yapar.

Hayvanlarda, doğacak yavrunun cinsiyeti üzerinde sıcaklığın çok önemli bir etkisi vardır. Bir timsah yavrusunun erkek mi yoksa dişi mi olacağını genellikle kuluçka döneminin geçtiği yuvanın sıcaklığı belirler. Eğer yuvanın sıcaklığı otuz iki ila otuz dört santigrat derece arasında ise yavru erkek olacaktır. Eğer yirmi sekiz ila otuz santigrat derece arasında ise yavru dişi olacaktır. Pek çok hayvan sıcaklığı doğru şekilde tahmin edebilme yeteneği geliştirmiştir. İguanalar, yumurtlayacağı kumların sıcaklığını 1,1° C hata ile ölçebilirler. Güneydoğu Avustralya'da yaşayan bazı kertenkele türleri bu yöntemi yavrularının cinsiyetini belirlemek amacıyla kullanan yegâne hayvan grubunu oluşturur: Erkek ya da dişi yavru yapmak amacıyla vücut sıcaklıklarını gerektiği şekilde kontrol ederler.

Şili'de yaşayan ender bir tür olan Darvin kurbağası yavrularını benzersiz bir yöntemle besler: Dişi, yumurtaları yumurtladıktan sonra görevi erkek devralır ve önce yumurtaları korur, daha sonra da yumurtaları bütün olarak yutar. Yumurtalar, yavrular bütünüyle gelişip erkeğin ağzından dışarı zıplayıncaya kadar erkeğin çenesinin altında bulunan ses kesesinde korunurlar.

Dev mola ya da diğer adıyla okyanus güneş balığı, bütün omurgalılar içinde, bir yumurtalıkta en çok sayıda yumurta taşıyabilen canlıdır; tek bir yumurtalıkta üç yüz milyon yumurta taşıyabilir.

Denizatları, bütün hayvanlar âlemi içinde, erkeğin hamile kaldığı biricik türdür. Çiftleşme esnasında dişi, ovipozitor denilen uzun bir tüpü erkeğin kesesine doğru yerleştirir. Daha sonra yumurtalar tüp boyunca hareket ederek kesenin içine ulaşır ve erkek burada yumurtaları döller. "Anne" hamilelik sürecinde pek küçük bir rol alır; günde yalnızca on dakika kadar babayı kontrole gelir. On gün ila altı hafta arasında değişen bir süre sonunda embriyolar tamamen geliştiğinde, iş yine babaya düşer. Doğadaki en şefkatli babalardan biri olan denizatı kuyruğunu aşağı yukarı hareket ettirerek yavrularını "doğurur." Erkek denizatları, olağan olarak birkaç düzine ile yüz arasında değişen sayıda yavru taşıyabilmelerine rağmen Karayip Denizi'nde yaşayan bir erkek denizatının bir kerede bin beş yüz yavru doğurduğu kaydedilmiştir.

Kuzey yarımkürede yaşayan kuşlar, Dünya'nın güney yarısına kıyasla daha fazla sayıda yumurta yumurtlarlar. Araştırmacılar, kuzey yarımkürede yaşayan hayvanların daha sert kışlara maruz kalmaları nedeniyle yavrularının hayatta kalma oranının daha düşük olacağını bildiklerine inanıyor. Daha güneydeki kuşlar kendi yaşamlarını, yavrularınınkinin önüne koyma eğilimindedir.

Stres, hamile koyunlar ve yavruları için zararlıdır. Yapılan çalışmalar, sıkıntılı hamilelik geçiren koyunların aynı şekilde gergin yavrular doğurduklarını gösteriyor. Yüksek stres hormonu olan kortizol düzeyi yüksek koyunlardan doğan kuzular yüksek tansiyon hastası olmaktadır.

Kara kaplumbağalarının en küçüğü, boyutlarına oranla doğadaki en büyük yumurtalardan birini yumurtlar. Yalnızca yedi santimetre boyunda olan minicik benekli padloper kaplumbağası, kendi boyunun yüzde kırkına eşit büyüklükte, yaklaşık üç santimetre boyunda bir yumurta yapar. Bu da yüz altmış santimetre boyundaki bir kadının altmış dört santimetre boyunda bir bebek dünyaya getirmesi demektir.

Kiwi, boyutlarına oranla en büyük yumurtayı yapan hayvandır. Kiwi yumurtaları dişinin ağırlığının dörtte birine eşit ağırlıkta olabilir. Bu da, bir kadının 16 kg. ağırlığında bir bebek dünyaya getirmesi anlamına gelir.

Dişi orka balinası, ortalama olarak on yılda bir doğurur. Yavrular ilkin kuyrukları çıkacak şekilde doğar ve doğdukları sırada yüz seksen kilogram ağırlığında ve iki buçuk metre uzunluğundadırlar.

Tavuk yumurtaları beyaz ya da kahverengidir. Dört tür tavuktan yalnızca Akdeniz tavuklarının yumurtası beyazdır. Avrupa, Asya ve Amerika tavukları kahverengi yumurta yapar. Bir tavuğun ne renk yumurta yapacağını anlamanın en kolay yolu kulak memelerinin rengine bakmaktır. Akdeniz tavuklarının kulak memeleri beyaz, diğerlerininki kırmızıdır.

Fareler muazzam sayıda yavru yaparlar. Örneğin, siyah farelerin dişileri yalnızca üç hafta süren bir gebelik sonucunda sayıları dört ila on arasında değişen yavrular doğurur. Eş konusunda pek seçici olmadıkları dikkate alındığında, bir farenin on sekiz ay sonunda, kendi soyundan bir milyonu aşkın döl üretebileceği hesaplanmıştır.

Hayvanların bir kerede doğurduğu yavruların babası birden fazla olabilir. ABD'de beyaz kuyruklu geyikler üzerinde yapılan bir çalışma, bir annenin doğurduğu ikiz yavruların babalarının farklı olduğunu göstermiştir. Babaların farklı kuşaklardan olduklarının ortaya çıkması da ilginçtir; birinin genç, diğerinin ise daha yaşlı bir geyik olduğu anlaşılmıştır. Araştırmacılar, yaşlı geyiğin, dişi ile genç erkek geyik çiftleşmekte iken araya girerek ilişkiyi kestiği ve dişiyi ikinci bir kez döllediği kanısındadır. Benzer bulgular sincaplara ilişkin araştırmalarda da belirtilmiştir.

Dev pandaların soyu en çok tehdit altındaki hayvanlardan biri olmasının çeşitli nedenleri vardır; ama bir nedeni de verimsiz üreme alışkanlıklarıdır. Dişiler yılda yalnızca bir kez doğurur ve bir yıl boyunca da ancak üç gün süreyle erkeklerle çiftleşmeye hazır olurlar. Eğer başarılı bir gebelik sonucu ikiz olursa, ki bu durum gebeliklerin yüzde 60'ında gerçekleşir, anne yavrulardan yalnızca birine bakar. Diğer yavru ölüme terk edilir.

Yeni doğmuş pandalar, memeliler dünyasında, annelerinin boyutlarına kıyasla en küçük yavrular arasında yer alırlar. Doğduklarında bir elmanın ağırlığına eşit olan yüz gram ağırlığında olabilirler. Çok yavaş büyürler ve ergin düzeyine ulaşmaları dört yıl sürer.

Goriller de menopoza girer. Dişiler elli yılı aşkın yaşayabilir ancak otuz yedi yaşından sonra yavrulayamazlar. Bu şekilde üreme yeteneğini yitirdiği bilinen bir başka hayvan türü yoktur.

Aşağıda bazı hayvanların gebelik süreleri, gün olarak verilmiştir:

| | |
|---|---|
| Altın hamster: 15–17 | Kanguru: 32–9 |
| Aslan: 105–13 | Keçi: 136–60 |
| At: 329–45 | Kedi: 52–69 |
| Ayı: 180–240 | Koyun: 144–52 |
| Balina: 365–547 | Köpek: 53–71 |
| Dağsıçanı: 31–2 | Kurt: 60–3 |
| Domuz: 101–30 | Maymun: 139–270 |
| Eşek: 365 | Ördek: 21–35 |

Fare: 19–31
Fil: 530–730
Geyik: 197–300
Gine domuzu: 58–75
Güvercin: 11–19
İnek: 280
İnsan: 253–303
Parakeet (küçük papağan): 17–20
Sıçan: 21
Sincap: 44
Su aygırı: 220–55
Tavşan: 30–5
Tavuk: 22
Tilki: 51–63

# ANNELİK İÇGÜDÜSÜ

## *Doğadaki En İyi ve En Kötü Anneler*

YENİ DOĞURMUŞ BİR MAVİ BALİNA günde 427 litre süt üretir. Buna mecburdur; çünkü doymak bilmez bir iştaha sahip olan bir yavrunun bakımından sorumludur. Bir mavi balina yavrusu olağanüstü bir hızla büyür; saate dört buçuk, günde 113 kilogram alır. Bu hıza ayak uydurabilmek için yavrunun günde elli kere ve her defasında on bir litre sütle beslenmesi gerekir.

Yeni ebeveyn olmuş herkesin bilebileceği gibi, yeni doğmuş bir bebeğin bakımı gecelerce uykusuz kalmak anlamına gelebilir. Ancak, araştırmacılar katil balinalar ve gagalı yunusların koca bir ayı hiç uyumadan geçirdiklerini ortaya çıkarmışlardır. Bunu yalnızca yavrularını yırtıcılardan korumak için değil, ayrıca yavrular ilk yalıtıcı yağ katmanlarını oluşturana kadar onları sıcak tutmak amacıyla da yapmaktadırlar. Şaşırtıcı bir şekilde, bu durum ne yavru ne de annesi üzerinde herhangi bir olumsuz etki yapmıyor gibi görünmektedir. Her ikisi de bu süre boyunca uyanık ve hareket halinde kalırlar.

Genç yunuslar, gayet geçerli bir sebeple annelerinin dümen suyuna giderler. Hayatlarının ilk dört yılı boyunca, yavru yunuslar anneleriyle birlikte yüzer ve şöyle ya da böyle ona ayak uydurmak zorundadırlar. Bunu kendilerini annelerinin dümen suyuna göre konumlandırmak suretiyle yaparlar; annenin hareketinin yarattığı anafor, kelimenin tam anlamıyla yavruları içine çekerek hareket ettirir.

Böcek ebeveynler, yavrularının yemek diye bağıran seslerine kulak veremez çünkü larvalar ses çıkaramaz. Bu nedenle, oyuk yapan böcekler, larvalarından gelecek kimyasal uyarılara karşı koku duyargalarını açık tutarlar. Araştırmalara göre, böcekler hafif bir rahatsızlık kokusu alır almaz, yavrularının aç olduğunu anlamaktadır.

Anne tilapia balığının, tehlike durumlarında yavrularını korumakta kullandığı oldukça etkili bir yöntem vardır: İlk tehdit belirtisinde, anne hemen yavrularını emerek ağız boşluğuna alır ve tehlike geçinceye kadar yavrularını orada tutar.

Anne fareler uyumlu çocuklar yetiştirir. Özenli anneler tarafından büyütülen fareler daha maceracı olmaktadır. Bu tür fareler strese karşı da daha az duyarlıdır.

Orman tavuğu, yırtıcılar tarafından algılanabilen, güçlü bir koku yayar. Buna rağmen, yumurtaları üzerinde kuluçkaya yattıkları zaman kendilerine ve yumurtalarına görece güvenlik sağlayacak şekilde, bu koku ortadan kalkar.

Benekli sırtlanlar, genetik olarak, saldırmak ve mümkünse kardeşlerini öldürmek üzere programlanmış yavrular doğuran yegâne memeli hayvan türü olarak kabul edilmektedir.

Hayvanlar âleminde ebelik ender olmakla birlikte, hemcinsi hayvanlara doğum yapmalarında yardımcı olan birkaç memeli hayvan vardır. İpek maymunlar, filler ve gagalı balinaların doğum sırasında birbirlerine yardım ettikleri görülmüştür. Ancak, en çarpıcı gözlem meyve yiyici bir yarasaya ilişkindir: Mauritius Adaları'nda yaşayan dişi bir Rodriguez yarasasının ilk kez doğum yapan acemi bir anneye doğum için doğru duruşu gösterdiği ve hem anneyi, hem de yavruları doğum süresince ve sonrasında yaladığı ve temizlediği gözlemlenmiştir. Doğumdan sonra ebe yarasa emsin diye yavruyu annesinin memesine bile vermiştir.

Gebe kangurular ve vallabiler (ufak bir kanguru türü) embriyolarının gelişimini askıya alabilirler. Eğer koşullar yahut hava kötüyse, kendisi hastaysa, yiyecek sıkıntısı veya kesesinde yer sıkıntısı varsa anne, meme bezesinden bir madde salgılayarak embriyoyunun gelişimini "diapause" olarak adlandırılan bir askı haline sokar. Ancak koşullar iyileştiğinde büyüme işlemini yeniden başlatır.

Bazı penguen annelerin sevgisi acımasızdır. Dişi chinstrap penguenleri yavrularını kreşlerde büyütürler ve beslenme saati gelince kreşten kaçarlar. Ancak annesine yetişecek kadar hızlı olan yavrular beslenme şansı elde edebilir. Bilim insanları, penguenlerin bu yöntemi hangi yavruların büyütülmeye değecek kadar sağlam olduklarını anlamak amacıyla kullandıklarına inanıyor.

Balarıları aşırı sevgi dolu ebeveynlerdir. "Çocuk yuvası"nda en ufak bir sorun işareti bile olsa, olağan rutinlerini değiştirir, bütün gece larvalarla birlikte uyanık kalırlar. Bu davranışı gösteren biricik böcek türü oldukları sanılıyor.

İspanyol geyikleri, erkek yavrularına sütün iyisini verirler. Kırmızı iber geyikleri erkek yavruları için daha yüksek protein içeren süt üretmektedir. Bilim insanları, bunun nedeninin erkeklerin yaşamları boyunca dişilere göre daha çok sayıda döl üretebilmeleri ve böylece türün varlığını sürdürme şansını artırmaları olduğunu düşünüyor.

Kangurular ağaçta yetişir. Ağaçların üzerinde yaşayan ender bir keseli türü, Yeni Gine'deki ve Avustralya'nın Kuzey Queensland bölgesindeki yağmur ormanlarında yaşar. Anneler yavrularını yerden yukarılarda, toprağa bağlı yırtıcılardan koruyabilecekleri yerlerde büyütürler.

Avrupa sığırcıkları yavruları için sağlıklı yuvalar hazırlar. Sığırcıklar, yuvalarını içinde yabani havuç yaprakları, kızılyaprak, civanperçemi ve tilkikuyruğu gibi bitkilerin bulunduğu çeşitli yeşilliklerle süslerler. Bilim insanları, bu bitkilerin yuva içinde bakteri ve mantarların gelişmesini önlediği ve bit, kene, uyuz gibi böceklerin kuluçkaya yatmasını engellediği kanısındalar. Özellikle yabani havuç yaprakları yavrunun hemoglobin düzeyini iyileştirmektedir.

Bekâr bir anneden doğmak ille de sakıncalı bir durum değildir, eğer erkek bir ispinoz iseniz üstelik kayda değer bir özelliktir. Erkek zebra ispinozu yavruları, yalnız anneleri tarafından bakıldıkları zaman, babaların da etrafta olduğu yavrulara verilenden yüzde 25 daha fazla yiyecek almaktadır. Dahası, bekâr ispinoz annelerin oğulları büyüdüklerinde karşı cinse çok daha çekici gelmektedir. Dişiler, fazladan yiyeceklerin erkek ispinoza sağladığı yapılı vücuda bayılırlar.

Anne akbalıkçıllar birini kaybedeceklerini bile bile üçer yavru yaparlar. Akbalıkçıl, yalnızca iki yavru büyütebilir ama sigorta poliçesi babından üç yavru yapar. İlk doğan iki yavrunun hayatta kalacağından emin olursa ilk iki yavrunun üçüncü kardeşlerini öldürmelerine izin verir.

Hamamböcekleri ebeveyn bakımından yoksun yetişirler. Yeni doğan hamamböcekleri kendi başlarının çaresine bakmak üzere yuvayı terk ederler.

Serçelerin ikinci karılarına dikkat! İki eşli bir serçe, daha sonra edindiği eşinin yavrularındansa, ilk eşinden olan yavrularına bakmak eğilimindedir. Bu nedenle ikinci karısı şiddete başvurur ve rakibi olan dişi serçenin yavrularını öldürür. Yavruların dişi kuş tarafından öldürülmesi kuşlar âleminde çok alışılmadık bir durumdur.

Sırtta taşıyanlar... Tembel hayvanlar, yavrularını sırtlarında taşır. Arada bir çocuklarını sırtlarında taşıyan insan babası dışında, bunu yaptığı bilinen tek memeli türü tembel hayvandır.

# BABALIK İÇGÜDÜSÜ

## Doğadaki En İyi ve En Kötü Babalar

BAZI ERKEKLER sempati hamileliğine yakalanır. İki tür Brezilya maymunu, marmoset (ipek maymunu) ve tamarinler, eşleri hamile iken ciddi miktarda kilo alırlar. Bazı marmosetler, eşleri hamile iken kendi ağırlıklarının yüzde 20'si kadar kilo alabilirler. Her iki tür de, ama özellikle tamarinler, tek eşlidir ve genellikle özverili eşlerdir. Yavruyu büyütmede etkin görev yapar ve yavruyu anneden daha çok kucaklarında gezdirirler. Bilim insanları, şiş göbeklerinin ilerideki ağır işlere hazırlanmak için maymunlara yardımcı olduğuna inanıyor.

Başka maymun türlerinin erkekleri eşlerinin hamileliğinin son iki haftası boyunca süt hormonları geliştirir. Prolaktin hormonu dişilerde meme bezelerini süt üretmeye hazırlar. Erkekleri ise, ebeveynliğin getireceği strese hazırladığı düşünülmektedir. Baba ne kadar tecrübeli ise o kadar çok hormon üretir.

Erkek imparator pengueni hayvanlar âleminin en zorlayıcı ebeveynlik görevlerinden biriyle karşı karşıyadır. Vücudunun altında kuluçkada olan tek bir yumurtayı iki ay boyunca Antartika'nın acımasız kışına karşı korumaya mecburdur. Erkekler bu göreve hazırlanırken epey kilo alırlar; bu destansı yumurta gözetleme görevine başladıkları sırada kırk kilogram ağırlıktadırlar. Görev tamamlandığında ise bu ağırlığın yarısına inmiş olurlar.

Avustralya'da yaşayan keseli kurbağa yavrularına orijinal bir yöntemle göz kulak olur. Eşinin yaptığı yavruların sırtına tırmanmasına ve kalçasındaki bir keseye açılan deliğe girmelerine izin verir. İribaşlar birkaç hafta orada kalır, daha önceki "ev"leri olan yumurtadan kalan artıklarla beslenir ve daha sonra ergin kurbağalar olarak dışarı zıplarlar. Bu davranış ilk kez gözlendiğinden bu yana, bu kurbağa yeni bir isimle ödüllendirilmiştir: Kalçadan cepli kurbağa.

Güney Amerika ipek maymunları en ilgili babalar arasında yer alırlar. Erkek marmoset doğum sırasında, yavrular doğdukça yalayıp temizleyerek ebelik yapmak üzere hazır bulunur. Daha sonra, yaşamlarının ilk birkaç haftası boyunca yavrularını besler, bakar ve kucağında taşır. Bu yardımcı yaklaşımın, dişinin geçirdiği zorlu doğumla epey ilgisi vardır. Yavruların ağırlığı dişinin vücut ağırlığının dörtte birine ulaşabilir; bu da, altmış dört kilogram ağırlığındaki bir insanın on altı kilogram ağırlığında çocuk doğurması demektir. Ayrıca, dişiler iki hafta içinde yeniden hamile kalmak eğilimindedir.

Erkek aslanlar, başka erkekler tarafından korunmayan bir gruba katıldıkları zaman insafsızdır. Çok küçük veya çok yavaş olan bütün genç erkekleri hemen öldürürler. Erkek, bu yöntemle, yeni eşinin yavrularına bakıp onları beslemeyi sürdürecek olsa gireceğinden sekiz ay kadar daha önce, üreme dönemine girmesini sağlar. Bu da, erkeğe kendi yavrularını mümkün olduğu kadar çabuk yapma olanağı verir.

Sıcak iklimlerdeki babalar en berbatlarıdır. Tropik bölgelerde yaşayan maymunların doğumdan sonra eşlerini terk etme olasılığı daha yüksektir. Tersine, soğuk iklimlerde yaşayan maymunlar, eşlerinin çevresinde kalmakta ve yavruları büyütmeye yardım etmektedir. Antropologlar bunun soğuk iklimlerde hayatta kalma şansının daha düşük olmasıyla ilgisi olduğuna inanıyor. Bu durumda erkekler yavrularının yanında kalarak onların hayatta kalma şansını artırmaktadır.

Japon kardinal balığı hayvanlar âleminin en kötü babası olabilir. Bu türde yavruların bakımı erkeklere bırakılmıştır. Bu görevi yavrularını güven içinde ağızlarında taşıyarak yerine getirirler; ta ki okyanusa salınacak kadar olgunlaşsınlar. Ancak, maalesef kardinal balığı tek eşli değildir. Eğer kendisine hâlihazırdaki eşinden daha çekici gelen bir dişi görecek olursa ona kur yapar. "Yükü" olan bir erkek gibi görülmek de istemediğinden kur yapmaya başlamadan önce yavrularını yer.

# KÜÇÜK CANAVARLAR

## *Sorunlu Yavrular ve Hayvanların Onlarla Baş Etme Yöntemleri*

AVUSTRALYA MUHABBET KUŞLARI baba olarak sevgi doludurlar. Anne kuşlar yavrularını kesin bir sırayla besler ve şu ya da bu yavruyu kollamak için kullanılmaya kesinlikle izin vermezken babalar bambaşka davranırlar. Aileyi beslerken en yüksek ve ısrarlı sesleri çıkaran yavrulara en çok yiyecek vermek eğilimindedir.

Yemek zamanı drama yaratmakta pelikan yavrusuyla kimse boy ölçüşemez. Ebeveynlerine aç olduklarını göstermek için kendilerini onların ayaklarının altına atar, yerlerde sürünür ve hatta annelerini, babalarını, kardeşlerini ısırırlar. Eğer bu da işe yaramazsa ebeveynlerini kendilerini beslemeye ikna edecek son bir çabayla, nöbete tutulmuş gibi kıvranır, bükülürler.

Baykuşlar, yılanları çocuk bakıcısı olarak tutarlar. Kuzey Amerika'da yaşayan bir tür küçük baykuş, yavrularını güvende tutmak için olağan olarak yeraltında yaşayan kör yılanların yardımına başvurur. Baykuşlar, memnun edip yuvada tutmak için yılanları kurtçuklarla beslerler. Buna karşılık yılanlar da anne uzaktayken yavruları çalmaya niyetlenebilecek yırtıcıları korkutarak, yuvadan uzak tutarlar. Yılanlar bu işte gayet başarılıdırlar. Her beş baykuştan birinin yuvasında yılan vardır. Araştırmalar, yuvasında sürüngen besleyen baykuşların yavrularının, diğerlerine kıyasla daha hızlı büyüdüklerini ve hayatta kalma olasılıklarının da daha yüksek olduğunu göstermektedir.

Hayvanlar âleminde iyi çocuk bakıcısı bulmak başlı başına bir sorundur. Beyaz kanatlı dağ kargaları bu sorunu yavrularını yetiştirmelerine yardım etmesi için başka kuşları kaçırarak çözümlerler.

Benekli sinekçil kuşlar, kendi başlarının çaresine bakacak hale geldikten çok sonra bile yiyecek için ebeveynlerine yalvarmayı sürdürür. Ebeveynler, yavrularını kendi ayakları üzerinde durmaya zorlamak için çok sert önlemler almak zorunda kalır, yemek zamanı gelince yavrularının yanından kaçarlar.

Zengin ailelerin oğullarının evde boş boş oturma olasılığı daha yüksektir, en azından kuşlar dünyasında. Ebeveynleri tarafından bol bol ökseotu meyvesiyle beslenerek erginleşmekte olan erkek ve dişi Kaliforniya mavi kuşları hakkında yapılan bir araştırma, yuvadan uçma zamanı geldiğinde erkek ve dişi yavruların çok farklı davrandıklarını ortaya koymuştur: Kızlar hayatta kendi yollarını çizmek için yuvadan uçarken erkekler aylak aylak dolaşıp ebeveynlerinin zenginliğinden yararlanmaya devam etmektedir.

Genç boz ayılar annelerinin yuvasına yakın yerlerde yuva kurma eğilimindedirler.

Sorunlu bir çocukluk dönemi geçiren fareler olgun yaşlarında zihinsel problemler yaşamaktadır. Araştırmalar, farelerde yavruyken strese maruz kalmanın, beynin küçülmesine ve hafıza kaybına neden olduğunu göstermektedir.

Maymunlar da delikanlıdır. Ergen vervet maymunları, yavru ve yaşlı maymunlara kıyasla, çok daha büyük riskler alırlar. Öyle ki, potansiyel düşmanlarının gözü önünde yiyecek çalmaya bile kalkışırlar.

Ebeveynlerinin söylediği her şeyi birdenbire duymaz olan ergen çocuklar, insanlar dünyasıyla sınırlı değildir. İribaşlar da, kurbağa olmak üzere metamorfoz geçirmeden hemen önce, geçici olarak sağır olurlar.

# AİLEDE ÖLÜM

## *Hayvanlar Yakınlarının Ölümüyle Nasıl Başa Çıkar?*

BOŞANMA YA DA EŞİN ÖLÜMÜ gerbilleri derin bir depresyona sokar. Yakın ve hayat boyu birlikte yaşayan çiftler oluşturan bu kemirgenler, eşlerinden ayrılmaları halinde, uykuya dalmakta zorluk çeker ve sosyal olarak içlerine kapanırlar.

Yavrularının balinalar tarafından saldırıya uğramasına ve yenilmesine tanık olmak zorunda kalan talihsiz anne denizaslanları haykırma ve feryat karışımı yürek paralayıcı bir ses çıkarırlar.

Yunuslar ölen yavrularını canlandırmaya çalışırken görülmüşlerdir.

Maymunlar derin kederlere kapılabilirler. Bir şempanze, annesinin ölümü yüzünden müthiş üzüntüye kapılmış, grubundan ayrılmış, yemek yemeyi bırakmış ve sonuçta ölmüştür.

Benzer şekilde, bir araştırma, en yakın olduğu eşinin ölümünün ardından grubun egemeni olan dişi babunun yas tuttuğunu belirlemiştir. Bir aslan tarafından öldürülen babun, kraliçe babunun tımar eşiydi ve grupta dişinin dostluk kurduğu tek üyeydi. Arkadaşının ölümünün ardından kraliçenin stres hormonu glukokortisoid düzeyi, grubun kalanına kıyasla çok daha yüksek düzeylere fırlamıştır. Kraliçe stres düzeyini düşürmek için grubun daha aşağı seviyedeki üyelerinin kendisini tımar etmelerine izin vermeye başlamıştır.

Filler ölüme karşı özellikle duyarlıdır.

Anne fillerin ölü doğmuş bir yavrunun başında uzun uzun nöbet tuttukları görülmüştür. Son kertede çaresizlik yansıtan bir duruşla, başları öne eğik, kulakları düşük bir halde, günlerce yavrunun başında beklemişlerdir. Genç filler, annelerinin ölümüne tanık olmaları durumunda öylesine sarsılmaktadır ki, gecenin bir yarısı çığlıklar atarak uyandıkları görülmektedir.

Filler ayrıca ölüye saygı göstermekte ve mezarlıklara çekilmektedir.

Hemcinslerinin cesetlerini görmezlikten gelen hatta yiyen çoğu hayvanın tersine, filler bir başka filin ölümünü gördüklerinde telaşlanırlar. Ayrıca, yıllar önce ölmüş fillerin kemiklerine ve kafataslarına karşı da olağanüstü dikkat göstermektedirler.

Bilim insanları fillerin akrabalarının öldükleri yerleri ziyaret etmek için uzun yolculuklar yaptıklarına ilişkin öykülerde bir gerçek payı bulunabileceği kanısındadır. Buna rağmen yaşlı fillerin ölmek için gittikleri "fil mezarlıklarının" bulunduğu söylencesi muhtemelen yanlıştır.

Görünüşe göre kuşlar da yas tutmaktadır. Gri bacaklı kazların eşlerinin ölümü yüzünden perişan oldukları gözlemlenmiştir. Kuşun gözleri çukurlarına kaçmakta, başları öne düşmekte ve gövdeleri bitkin görünmektedir.

Hiçbir hayvan kırık bir kalbi onarma konusunda zebra balığı kadar donanımlı değildir. Zebra balığı, eksik veya hasar görmüş kalp kaslarını yenileyebilir.

BEŞİNCİ BÖLÜM

# Hayat Memat Meselesi

Nasıl Olur da En Formunda, En Kuvvetli,
En Zeki ve Düpedüz En Kötü
Olanlar Hayatta Kalır?

HER NE KADAR biz "orman kanunu" adını vermiş olsak da, doğanın bu en temel kanunu okyanus tabanında da, kutuplardaki tundralarda da aynı gaddarlıkla yürürlüktedir. Yalnızca en güçlüler hayatta kalır ve hayvanlar âleminde güç gayet basit bir şekilde ölçülür. İster geleneksel, ister kimyasal, isterse psikolojik olsun en etkili savaşımı yürüten kimdir?

# TUTMAYIN BENİ

## Hayvanlar Nasıl Kavga Eder?

FARELER ARALARINDAKİ ANLAŞMAZLIKLARI boks yaparak çözümler. Peru'da Amazon bölgesinde iki dikenli dişi fare on dakika süreyle birbirini yumruklar, tırmalar, iter kakar ve saldırırken filme alınmışlardır.

Erkek kangurular için boks yapmak bir tür oyundur. Genç erkekler arka ayakları üzerine kalkar ve ön ayaklarıyla bir spor salonundaki boksörler gibi yumruklaşırlar. Kuralları daha ziyade Tayland boksunun kurallarına benzer. Birbirlerini tekmeleyerek kendilerini savunmayı tercih ederler.

Pek çok kanguru erişkinliğe ulaştıktan sonra da boks yapmaya devam eder. Bunun sonucunda da aşırı gelişmiş ön kol kaslarına ve geniş göğüslere sahip olurlar. Bazıları öylesine korkutucudur ki, daha küçük erkekler karşısında yalnızca göğüslerini şişirip ileri çıkartarak ve sanki daha yeni dünya şampiyonu olmuşçasına kaslarını esneterek, yarışmayı kazanırlar.

Meyve sinekleri sumo güreşi yapar. Bilimsel olarak gözlemlenmiş kavgalarda, sinekler iki tarzdan birini benimserler: Ya yorulmuş boksörler gibi ön ayaklarıyla birbirlerine sarılırlar, ya da aşırı şişman Japon güreşçileri gibi birbirlerini arenanın dışına itmeye çalışırlar.

Hamamböcekleri ölümüne güreşir. Erkek hamamböcekleri egemenlik için yarışırlarken, başları önde ve gövdelerinin arka kısmı kalkık bir şekilde birbirleriyle göğüs göğüse gelirler. Daha sonra, sanki kafa atmak ister gibi birbirlerine yüklenirler. Eğer böceklerden biri öne fırlamış protonumunu (protonum böceğin başı ile gövdesi arasındaki bölümdür), rakibinin altına sokmayı başarırsa, rakibine havada takla attırabilir ve böylece sırt üstü yere düşmesini sağlayabilir. Eğer biri bunu beceremezse, birbirlerini sımsıkı tutarak ayaklarını birbirlerine kilitlerler. Kavganın bu evresinde birbirlerini ısırır ve tekrar tekrar yuvarlanırlar. Hemen ardından biri muzaffer olacaktır. Kaybeden fiziksel olarak kavgadan sağ çıkmış olsa bile kavganın neden olduğu stres yüzünden çok geçmeden ölür.

Makak maymunları alçakça kavga etmede ustadırlar.

Eğer Japon makakları bir başka maymunla yaptıkları karşılaşmayı kaybederlerse bunun acısını rakibinin en zayıf akrabalarından birinden çıkarırlar. Bu davranış, rakiplerini kendilerine saldırmaktan genellikle caydırır.

Öte yandan, güdük kuyruklu makak maymunları rakiplerini en savunmasız anlarında yakalayana değin beklerler. Üye sayısı dokuzu bulabilen çeteler halinde çalışan makaklar, kurbanları çiftleşmeye başlayıncaya kadar bekler, daha sonra tam orgazm olduğu sırada üstüne çullanırlar.

Denizlaleni tanı... Denizlaleleri, erler, gözcüler ve diğer rütbeliler gibi farklı gruplara ayrılmış unsurlardan oluşan ordularla savaşırlar.

Anemonlar denizlerin kıyı kesimlerinde büyük topluluklar halinde yaşar. Git zamanı her yer sessizdir. Ancak, gel zamanı bir topluluk diğeriyle karşılaşırsa, çılgınlık başlar. Önce er denizlaleleri çarpışmak için uygun bir yer bulmak üzere harekete geçerler. Onlar bununla meşgulken, savaşçı denizlaleleri, sokucu dokunaçlarını şişirerek, silahlarını hazırlar. Bu sırada bir başka grup denizlalesi de orduya katılmak üzere yeni denizlaleleri klonlamaya devam eder.

Çarpışmalar genellikle kısa ve acımasızdır; iki savaşçı ordu dokunaçlarıyla birbirine saldırır. Başarılı bir vuruş, düşmanın vücuduna yapışan ve fena halde can yakan bir hücre bırakır. Yaklaşık yarım saat sonra çatışma sona erer.

Vahşi atlar kavgaya ısınmak için birbirlerine yüksek sesle kişnerler. Bilim insanları, bu ritüelin atlar için akciğer kapasitelerini, dolayısıyla da sağlıklı olduklarını göstermenin bir yolu olduğu kanısındadır. Vahşi atlar, en uzun süre ve yüksek sesle kişneyen atın, muhtemelen en iyi dövüşçü olduğunu anlarlar. Bu da, neden atlar arasındaki kavgaların yarısının daha doğru düzgün birbirlerine saldırmadan, atlardan birinin kaçmasıyla çarçabuk sona erdiğini açıklamaya yardımcı olabilir.

Noel zamanı, barış ve iyi niyet simgesi diye kullanılan kızılgerdan kuşu, bunu hiç de hak etmez. Küçük boylarına rağmen kızılgerdanlar oldukça kavgacıdır ve sık sık egemenlik sahaları yüzünden kavgalara tutuşurlar. Ayrıca, kızılgerdanların görünürde hiçbir sebep yokken bile çalı serçelerini taciz ettikleri görülmüştür. Kızılgerdanlar hasımlarına acımasızca saldırır ve kafalarını öfkeyle gagalarlar. Ancak bunun bedeli çok ağır olabilir. Kuş bilimciler, her on kızılgerdandan birinin, kaybettikleri bir kavgada oluşan kafatası çatlağı yüzünden öldüğünü düşünüyor.

Futbol taraftarları gibi, balıklar da yalnızca başka balıkların birbiriyle mücadele etmesini izleyerek saldırganlaşabilirler. Bilim insanları, testosteron düzeyindeki artışın balıkları kendilerine meydan okunması ve kendilerini savunmak zorunda kalmaları ihtimaline hazırladığına inanıyor. Futbol taraftarlarının aksine, balıklarda bitiş düdüğü çalınca testosteron düzeyi normale inmez. Tilapia balıklarının, bir kavgayı izledikten sonraki telaşlı ve saldırgan halleri altı saat boyunca devam etmektedir.

Amerikan ıstakozları kaybedecekleri kavganın kokusunu alırlar. Istakozlar, diğer ıstakozları kokularından tanır ve özellikle aşırı rekabetçi erkek ıstakozlar, daha önce kavgaya tutuştukları ıstakozları bu yöntemle ayırt ederler. Bir ıstakoz kokusunu tanımadığı bir başka ıstakozla karşılaşırsa o zaman saldırır.

Pek çok hayvan, herhangi bir hedefi olmasa bile, saldırganlığını bünyesinden atmak zorundadır. Bazıları kendi kendileriyle kavga etmeyi seçer. Örneğin, firavun fareleri ve tavuklar kendi kuyruklarına saldırırken beyaz kuyruksallayan kuşları kendi yansımalarıyla kavga ederler. Bu kuşlar, kendilerinin araba tamponlarında yansıyan çarpılmış görüntülerine saldırırken gözlenmişlerdir.

# Katil Doğanlar

## *Doğanın Büyük Katilleri*

Köpekbalıkları doğmadan önce bile kitle katliamı yaparlar. Bir kum kaplan köpekbalığı dişisi aynı anda yüzlerce embriyo doğurur. Embriyolar, köpekbalığının rahminde büyür ve her embriyo minik jilet gibi dişler çıkarır. Hamilelik süresince embriyon halindeki köpekbalıkları birbirine saldıracak ve birbirlerini öldüreceklerdir. Üç ya da dört aylık bir savaştan sonra ancak bir avuç muzaffer köpekbalığı embriyosu hayatta kalacaktır. Geri kalan bu yavru köpekbalıkları da son bir savaşa tutuşurlar ve bu savaştan yalnızca biri sağ çıkar. Bu yaratık, daha sonra deneyimli bir ölüm makinesi olarak doğacak ve denizlerdeki yerini alacaktır.

Deniz biyologları bu tür köpekbalıklarının embriyolarını incelerken sevimsiz sürprizlerle karşılaşmışlardır. En azından birisi, gebe köpekbalığının rahmini muayene ederken bir embriyo tarafından ısırılmış ve fena halde canı yanmıştır.

Kurabiye kalıbı köpekbalıkları* avlarını tuzağa düşürmek için çok sinsi bir yöntem kullanır. Bu hayvanların çenelerinin altında çok daha küçük bir balığın dış hatlarına benzeyen koyu renkli bir bant vardır. Ayrıca ışıldamalarını sağlayan ışık yayan hücrelere sahiptirler ve bu hücreler kö-

---

* Köpekbalıklarına bu ad kurbanlarının vücutlarında kurabiyeye şeklinde izler bıraktıkları için verilmiştir-ç.n.

pekbalıklarına, su yüzeyine yakın yüzdükleri zaman dışarıdan gelen ışıkla karışma olanağı verir. Bunun sonucunda orkinos gibi avcılar aşağıdan baktıklarında köpekbalığının tamamını göremez. Bunun yerine, hareketsiz bir hedef görür. Ancak avının işini bitirmek üzere yukarıya doğru yüzdüğünde haşin bir uyarıyla karşılaşır. Kurabiye kalıbı köpekbalığı adının hakkını vererek, kurbanının etlerinden kurabiye şeklinde yuvarlak iri parçalar koparır.

Japon balarıları yuvalarında dev bir eşekarısı bulduklarında asla merhamet göstermezler. Yüzlerce arı, bu tahripkâr baş belasının çevresinde birikerek kaynaşır ve sonunda vücut ısılarıyla eşekarısını canlı canlı pişirirler.

Örümcekler deneyimli avcılardır ve ağlarını peşinde oldukları ava uygun bir şekilde uyarlayarak kurarlar. Güney Amerika örümceklerinin sinekler için daha küçük ve ince gözlü ağlar, termitler için ise daha geniş gözlü ve çok daha geniş ağlar kurdukları gözlenmiştir.

Çıngıraklı yılanlar, kendilerini statik elektrikle yüklemek için çıngırak sesi çıkarır. Yılanlar daha sonra, saklanmak ve avlanmak için uygun yerleri elektriksel olarak tespit etmek için bu enerjiyi kullanırlar. Elektrik nemli hava ceplerinde bir akım oluşturur.

Yılanlar sıkarak avlarının canlarını çıkartır. Bir pitonun santimetrekareye bir kilogram güç uyguladığı hesaplanmıştır. Bu da, insanların en kuvvetli el sıkışmasına kıyasla altı kez daha kuvvetli bir güç uygulanması demektir.

Deniz papağanları kuşlar dünyasının en büyük avcılarıdır. Tepeli deniz papağanı adlı bir tür, düzenli olarak gagasında beş ila yirmi balık olduğu halde denizden çıkabilir. Bir kayıt anında bir kuşun ağzında altmış beş balık olduğu görülmüştür.

Katil balina ya da orka doğadaki en mahir yırtıcılardan biridir ve avını yakalamak için çeşitli hileler kullanır. Orkaların denizaslanlarını yakalamak için kumsala vurmuş gibi yaptıkları, üzerinde bulunan fok balıklarını ve penguenleri denize dökmek için buz kütlelerini tersyüz ettikleri ve yollarının üzerindeki kayalıklarda bulunan kuşları denize düşürmek için kuyruklarını çırparak kayalıkları suya boğdukları bilinmektedir. Bütün bunlara rağmen, en olağanüstü hilelerini köpekbalıklarına saklarlar. Orka derin denizlerdeki bu rakibini öldürmek için torpido gibi alttan midesine dalar ve mideyi patlatır.

Timsahlar asla yemek artığı bırakmazlar. Timsahların sindirim sıvıları öylesine asidiktir ki, deriyi ve kemiği, hatta hayvan boynuzlarını parçalayıp, sindirebilir.

Bazı hayvanlar teknik olarak ölmüşken bile tehlikelidir. Örneğin, çıngıraklı yılanlar vurulduktan yahut dövülerek öldürüldükten sonra bile fena ısırabilirler. Bu konuya ilişkin bir araştırmada, bir çıngıraklı yılan vurularak öldürülmüş, kafası kesilmiş ve tamamen hareketsiz kalıncaya kadar beş dakika beklenmiştir. Daha sonra avcı yılanın kafasını eline aldığında avcıyı sokmuştur. Hem de bir değil, iki kere.

Güney Amerika dev tarantulaları, sanki sırf bakmak bile yeterince korkutucu değilmiş gibi, üstüne bir de cırt cırt bantlarının ayrılma sesine benzeyen berbat bir sesle tıslarlar.

Boynuzlu kurbağalar avlarını zekice bir el becerisiyle aldatırlar. Kurbağalar, yalnızca bir ayakları açıkta kalacak şekilde kendilerini kamufle ederler. Ayak parmaklarının ikisini de böcek larvası gibi görünsün diye oynatırlar. Bu numaraya kanarak yaklaşan kertenkele, sıçan veya kuşlar, genişliği neredeyse boynuzlu kurbağanın gövde uzunluğuna eşit olan görkemli ağzı tarafından hemen kapılırlar.

Ev kedileri vahşi doğadan ayrılmış olsalar da, avcı olarak, akrabaları olan diğer iri kedilerden daha az maharetli değildir. İki yüzü aşkın ev kedisini ele alan bir çalışma, her birinin bir yıl boyunca, sayıları on ila elli arasında değişen hayvanı yakalayıp öldürdüklerini ortaya çıkarmıştır. Yakaladıkları hayvanlar arasında sıçanlar, fareler, kurbağalar, bazı sürüngenler, akvaryum balıkları ve kırk yedi çeşit kuş bulunmaktadır. Çalışma, ayrıca kedilerin avlanırken ne denli kurnaz olduklarını da ortaya koymuştur. Boyunlarında çıngırak asılı olan kediler de diğerleri kadar hayvan avlamışlardır.

# SENİ ELE GEÇİRDİM, DERİNİN ALTINDAYIM

## Parazitler Kurbanlarını Nasıl Öldürür?

BÜTÜN DOĞA parazitlerle doludur. Parazitler, daha iri diğer hayvanların sırtından geçinen minik, yırtıcı hayvanlardır. Kendilerini ev sahiplerinin içine gizlemekte çok yeteneklidirler. Örneğin, kabuklu bir parazit evini bir balığın ağzının içine yapar ve oradan kurbanının dilini yemeye başlar. Dili bitirdikten sonra, dilin görevini devralır; gıdaları alır, tadar ve aktarır ama bu arada yiyeceklerin en iyi kısımlarını kendisine ayırır.

Beyin yıkayan parazitler, ev sahiplerini her türlü şeyi yapmaya mecbur bırakabilir. Amerikan mayıs sineğini istila eden bir parazit, böceği cinsiyet değiştirmeye ikna eder.

Küçük bir karaciğer tenyası, karıncaların beynini yıkayıp otların yapraklarının ucuna tırmandırır. Bunu yapmasının nedeni, asıl hedefi olan koyunlar tarafından yenilebilmek için kendisine daha yüksek bir şans yaratmaktır.

Bazı parazitler kurbanlarını iğdiş ederler. Bir istilacı parazit bir vücuda girdiği zaman sürekli olarak kurbanının kanı ve eti için savaşır. Ancak, kurbanının yaşamsal organlarına ya da beynine zarar vermek ve kurbanının ölümüne neden olmak istemez. Bu yüzden, daha gözden çıkarılabilir bir organı hedefler: Cinsel organlar. Tırtıllara ve yengeç kabukları içinde yaşayan bir tür kabuklu deniz hayvanına tebelleş olan yabanarıları doğadaki en tehlikeli iğdiş ediciler arasındadır.

Çekirgelerin içinde yaşayan bir tür kıl kurdu, pompaladığı bir kimyasal madde kokteylinin etkisiyle, ev sahibinin suya atlayarak intihar etmesini sağlar. Daha sonra yeni bir ev sahibi aramaya hazır olan parazit suda serbestçe yüzer.

Fareleri ele geçiren bir parazit, fareyi baş düşmanı kediye teslim olmaya zorlayarak, intihar etmesine neden olur. Kedi fareyi yediğinde parazit yaşam döngüsünü kedinin içinde sürdürebilir.

Bazı hayvanlar, başka hayvanları kendilerine yardım etmeye yönlendirebilmek için kimyasal maddeler kullanırlar. Örneğin *Maculinea rebeli* adındaki büyük mavi bir kelebeğin tırtılı, karınca larvalarınınkine benzeyen bir kimyasal üreterek kırmızı karıncaların kendisini beslemesini, bakmasını ve korumasını sağlar.

Bir tür tenya, insanın içinde 18 yıl yaşayabilir. Bu süre içinde tam 10 milyar yumurta yapabilir.

Bununla birlikte, bütün parazitler zeki değildir. Kaplan ağızlı tırtılın ağzına yerleşen bir tür sinek, tırtılın beynini etkileyerek ağız tadını değiştirir ve farklı tür bir bitki yemesini sağlar. Ancak bu bitki maalesef zehirli kimyasal maddeler üretir ve parazitin ölümüne neden olur.

# KİTLESEL İMHA SIVILARI

## Hayvan Cephaneliğinden Ölümcül Silahlar

Bir tropikal karınca türü avlarını ortaçağın işkence tezgâhlarından pek de farklı olmayan bir aygıt kullanarak yakalar. Fransız bilim insanları Güney Amerika'da yaşayan bu tür karıncaların avlarını hazırladıkları tuzağa çektiklerini; daha sonra bitki lifleri ve mantarlar kullanılarak hazırlanmış ve içinde başka karıncaların saldırmaya hazır bir şekilde beklediği çukurlardan ibaret olan bu düzeneğin üzerine avlarını yatırdıklarını keşfetmişlerdir. Avlarını ayak ve antenlerinden yakalayan karıncalar, topluluğun kalanına saldırmaları için işaret verirler. Bu alet, karıncaların kendilerinden çok daha büyük avları yakalamalarına olanak verir.

Fanfan böcekleri saldırganlara kaynar kimyasallar püskürtürler. Bilim insanları bu ölümcül silahı çalıştıran makinenin Almanların İkinci Dünya Savaşı'nda kullandıkları V1 uçan bombalarını ateşleyen motorla aynı şekilde çalıştığını ortaya koymuştur.

Çok az hayvan bombardımancı böceğin ateş gücüyle yarışabilse de, yağmur ormanlarında yaşayan *onychophora* ailesine ait segmentli kurtlar onlara oldukça yaklaşır. Bu kurtlar, kafalarında bulunan bezelerden yapışkan sümüksü berbat bir sıvıyı şiddetle fışkırtırlar. Bu sümüksü madde hızla kuruyarak avı bir ağ içine hapseder.

Bütün denizanaları arasında en nahoş dokunuş, küp şeklindeki medüzleri yüzünden "kutu denizanası" denilen türün temasıdır. Avustralya'da yaşayan denizanaları korkunç İrukandji Sendromu'na yol açan biricik türdür. İnsanlarda bu sendrom günlerce süren yoğun ağrı, bulantı, kusma, feci şekilde yüksek tansiyon ve kendini ölecek gibi hissetme şeklinde tezahür eder.

İşçi karıncalar yuvalarının girişlerini burunlarına ilişik olan püskürtme silahlarıyla korurlar. Karıncalar, bu silahları yuvalarını tehdit eden karınca yiyicilere ateş etmek için kullanır.

Akrepler, içinden istediklerini seçebilecekleri birer zehir cephaneliğine sahiptir. Yiyecek avlarken, sinek ve pervane gibi böcekleri felç edecek hafif bir zehir kullanırlar. Ancak bir avcının saldırısıyla yüz yüze kaldıklarında büyük bir hayvanı bile öldürebilecek olan çok daha güçlü bir zehir üretirler.

Avrupa'da yaşayan ateş semenderleri sırtlarında taşıdıkları ve püskürtme gücüyle işleyen bir silahla donanmışlardır. Tehdit edildiklerinde, vücutlarını yukarıya doğru kaldırarak büyük deri bezelerinden etkili bir zehir püskürtürler. Zehir kurbanın sinir sistemini etkiler ve solunum sistemini felç eder. Semender sadece yirmi beş santimetre büyüklüğünde olmasına karşın, zehirli yükünü yüz seksen santimetre kadar uzağa fışkırtabilir.

Bir tür kokarcanın arka kısmından saldırganlara püskürttüğü bir sıvı, hayvanlar dünyasında kullanılan bütün sıvılar arasında en caydırıcı olanlardan biridir. Bu iğrenç kimyasal karışım kurbana yapışır ve kurban izleyen günlerde suyla temas ettikçe daha da keskin kokmaya devam eder.

Benekli kokarcalar iğrenç yüklerini ateşlemeden önce amuda kalkarlar. Ön ayaklarının üzerine kalkarak, anal salgıların erişebileceği mesafeyi en yükseğe çıkarırlar. Benekli bir kokarca dört metre uzaktaki bir hedefi vurabilir.

Firavun fareleri zehirli yılanları öldürebilir. Çünkü memeli hayvanlar arasında bu özelliğe sahip biricik hayvan olan firavun faresi, yılan zehrine karşı bağışıktır.

Sinek kuşları çok iyi kılıç ustalarıdır. Bu minicik kuşlar oldukça saldırgandır ve kendi egemenlik alanlarını tehdit eden kuşlara pike yaparak saldırırlar. Düşmanlarını bazen ölümcül şekilde şişlemelerine olanak veren iğne gibi sivri gagalarla silahlanmışlardır.

Yusufçuklar böcekler dünyasının görünmez bombacılarıdır. Bu böcekler, aslında tam hızla uçmakta oldukları halde, kendilerini duruyormuş gibi gösteren olağandışı bir optik yanılsama yaratabilirler. Bu durum yusufçukları fark etmeyi çok güçleştirir ve avlarına ölümcül etkiler yapacak şekilde gizlice sokulmalarını sağlar.

Okçu balıklar sinek avlamak için su püskürtürler.

Erkek cırcırböcekleri dişilerin ilgisini kazanmak için rakiplerini bertaraf etmek üzere, zekice bir hile kullanırlar. Keskin darbeler halinde idrar püskürterek rakiplerini çiftleşmenin gerçekleştiği ağaçtan düşürürler.

Su aygırları, özellikle çiftleşme yüzünden şiddetli hükümranlık kavgalarına tutuşur. Erkekler, rakiplerini dışkı yağmuruna tutarak, bulundukları alana egemen olmaya çalışırlar.

Ender bulunan bir kırmızı ahtapot türü avlarını yakalamak için benzersiz bir hile kullanır. Atlantik Okyanusu'nda yaşayan bu kafadan bacaklının, her bir kolunda sıralanmış çıkıntılı düğme şeklinde vantuzlar bulunur. Bu düğmeleri flaş gibi kullanarak, durumdan şüphelenmeyen kurbanlarını ağına çeker.

En büyük antilop türü olan elandlar harikulade bir silahla donanmışlardır. Bu silah, boyu yüz yirmi santimetreye varan ve bir aslanı bile şişleyebilen burgulu boynuzlarıdır. Ancak, elandlarda, baş düşmanları olan avcı insanlara karşı kendilerini savunmasız bırakan bir tasarım hatası da vardır: Elandlar yürürlerken, dizlerinden yüksek ve takırtılı bir ses çıkar. Avcılar bu sesi yüz metre uzaktan duyabilir.

Bir tür Meksika kertenkelesinin, kendisinden çok daha büyük avcıları savuşturmakta kullandığı emsalsiz bir silahı vardır. Sonora Çölü'nde yaşayan bu muhteşem boynuzlu kertenkele saldırıya uğradığında kan fışkırtır. Bu durum karşısında, çakallar bile korkuyla irkilerek geri çekilirler. Boynuzlu kara kurbağası da benzeri bir hileye başvurur.

Başka ölümcül türler arasında şunlar bulunur: Elektrikli yılan balıkları bir insanı öldürmeye yeten altı yüz volt elektrik üretebilirler. Avustralya'nın ve dünyanın en öldürücü yılanlarından biri olan ve Avustralya'nın iç bölgelerinde yaşayan taipan yılanı bir ısırışta kırk bin orta boy fareyi öldürmeye yetecek kadar zehir zerk eder. Bu yüzden daha çok "vahşi yılan" adıyla bilinmesi pek şaşırtıcı olmasa gerek. Güney Amerika'da yaşayan küçücük zehirli mavi kurbağalar da yüz kişiyi öldürmeye yetecek kadar zehir taşırlar. Zehirli mavi kurbağalar ortalama iki yüz mikrogram zehre sahiptirler. Japonya'da yaşayan dev eşekarılarının zehri insan derisini ve kas dokusunu eritecek kadar güçlüdür.

# Davut 1, Golyat 0

## Doğadaki Bazı Acayiplikler

Filler balarılarından korkarlar. Afrika filleri özsuyunu emmek için akasya ağaçlarının gövdelerini tahrip etmeyi severler. Ancak üzerinde arı yuvası bulunan ağaçlara, saldırıya uğramak korkusuyla ilişmezler. Saldırgan arı kümelerinin filleri hayatlarını kurtarmak için kaçmak zorunda bıraktığı bilinmektedir.

Çıngıraklı yılanlar bütün hayvanları korkutmazlar. Kaliforniya yer sincapları bu gürültücü avcılardan pek etkilenmezler. Yılanların üzerlerine atılarak onlara sataşırlar. Ayrıca kumları tekmeleyerek yılanların yüzüne savururlar.

Yılanlar hareket eden nesnelerden korkarlar. Yılan oynatıcılar flütlerini başlarının üzerinde ritmik olarak hareket ettirdiğinde sepetten başlarını çıkarırlar. Müzik yılanların bunu yapmasına çok az etki eder çünkü yılanların işitme duyuları pek zayıftır.

Kahverengi İngiliz yaban tavşanları kurnazlıkta tilkiyi bile alt eder. Kahverengi yaban tavşanı eğer bir tilkinin yaklaştığını fark ederse durur, hareketsiz bekleyerek varlığını gösterir. Tilkiden çok daha hızlı koşabildiği halde kaçmak yerine olduğu yerde kalarak apaçık görülmeyi tercih eder. Bu hile hemen her zaman işe yarar ve tilki tavşanı rahat bırakır. Bilim insanları, görüldüğünü fark eden tilkinin tavşanı izlemekten vazgeçtiği görüşündeler. Yaban tavşanı da bunu bilir ve kaçmak zorunda kalmamak için bu yöntemi kullanır.

Yaban tavşanları, tek başlarına Sibirya kurdu cinsi köpek sürülerine saldırır. Norveç'te gerçekleşen bir saldırıya ilişkin raporda "iri ve saldırgan" bir tavşanın, bir grup köpeğin üzerine atılarak burunlarına vurduğu anlatılmaktadır. Şaşkına dönen köpekler donup kalmış ve öylece tavşana bakmışlardır. Saldırgan yaban tavşanı da cesurca köpeklere bakmıştır.

Fanfan böcekleri yeryüzündeki en korkutucu yaratıklardan biri olmasına rağmen bütün yaratıkları korkuttuğu söylenemez.

Bazı kara kurbağaları öylesine hızlıdır ki, fanfan böceği daha kaynar kimyasallarını püskürtmek için zaman bulamadan yapışkan dillerinin çevik ve ani bir hareketiyle böcekleri yakalar ve ağızlarına atarlar. Bazı örümcekler de fanfan böceklerini bir tür emici ipek ağla sararak, zehirden korunur.

Fanfan böceklerine karşı en etkili önlem hiç kuşkusuz çekirge farelerinin kullandığı yöntemdir: Böceği hızla yakalayarak dikine çevirir ve öldürücü arka kısmını toprağa saplar. Böcek öldürücü zehrini delice toprağa fışkırtırken fare de acele etmeden yemeğinin tadını çıkarır.

# KAÇIŞ SANATININ KİTABINI YAZANLAR

## *Doğanın Büyük Yaşam Savaşçıları*

KERTENKELELER, kendi arzularıyla kuyruklarından vazgeçebilirler. Eğer bir yırtıcı dişlerini kertenkelenin kuyruğuna geçirirse, kertenkele kuyruğunu bırakarak kaçar.

Birçok deniz yaratığı da bir badireyle karşılaştığında organlarından vazgeçme yeteneğine sahiptir. Bu yeteneğe sahip hayvanlar arasında yengeçler, ıstakozlar ve denizyıldızları vardır. Denizyıldızları beş kollarından biri yerinde kaldığı sürece hayatta kalabilir. Eğer bir ıstakoz kıskaçlarından birini yitirecek olursa, kopan kıskaç saldırgana sımsıkı yapışarak, ıstakozun kaçışını kolaylaştırmak için elinden gelen yardımı yapar. Bu üç hayvan da kopan uzuvlarını zaman içinde yeniden oluşturma yeteneğindedir.

Çok az hayvan, denizhıyarları kadar etkili savunma mekanizmalarına sahiptir. Denizkestaneleri ve denizyıldızlarının akrabası olan denizhıyarları, isimlerinin çağrıştırdığı üzere, sebzeye benzer ve sebzelerden çok daha çevik de sayılmazlar. Okyanus tabanında, sürekli olarak şüpheli yırtıcıların tehditlerine açık bir şekilde kayalara yapışarak yaşarlar.

Denizhıyarları saldırıya uğradıklarında korunmak için bilimde otonomi denilen bir davranışta bulunurlar. Bu, iç organlarını vücutlarının ön ya da arka kısmından dışarı fışkırtmaktır. Dışarı çıkarılan organ genellikle bağırsakları, bazen da akciğerleridir. Bazıları ise sindirim sistemlerini yahut yumurtalıklarını çıkarabilir. Bir tür denizhıyarı kendini zorlayarak fıtık olur ve sindirim sisteminin yanı sıra saldırgana dolanan yapışkan tüpler çıkarır. Her ne yaparsa yapsın, denizhıyarının kendini sakatlaması, avının infilak ettiğini sanması için saldırgana atılmış bir yem işlevi görür. Vücudunun yüzde 5'ini koruyabildiği sürece, denizhıyarı kendini yeniden tamamlayabilir.

Doğadaki asıl kaçış sanatçıları sedef tırtılları olabilir. Sedef tırtılı bir avcıyla karşılaştığında yürüme hızının otuz dokuz katı bir hızla yarım düzine perende atarak kendisini geriye doğru fırlatır ve kaçar.

Minicik bir okyanus salyangozu metal bir zırhı olduğu bilinen tek yaratıktır. Beş santimetre boyundaki salyangoz daha 2001 yılında keşfedilmiştir ve henüz bir adı yoktur. Bu hayvanın "aptal altını" olarak da bilinen pirit mineralinden yapılı koruyucu pulları vardır. Bu zırhın, zehirli oklar fırlatan rakibi bir deniz salyangozu türünden korunmasını sağladığı düşünülmektedir.

Üç bantlı armadillo, saldırıya uğradığı zaman kendini yuvarlayarak neredeyse mükemmel bir top haline gelir. Kulaklarını, kuyruğunu ve kafasını içeriye doğru çeker; öyle ki, yalnızca zırhla kaplı dış kısımları görünür. Böylece saldırıya daha açık olan alt kısımlarını koruma altına almış olur.

Zebraların çizgileri doğadaki en mahir kamuflaj biçimi olabilir. Bilim insanları, zebraların çizgilerinin, Afrika savanlarında, yüksek sıcaklıklarda havada oluşan "dalgalanmayı" yansıladığı kanısındadır. Birkaç yüz metre uzaktan zebralar titreşen ufukla karışırlar. Çizgiler ayrıca kan emici böceklere karşı da koruma sağlar.

Devekuşu kafasını kuma gömmez. Gerçekte yaptığı, yere yatıp boynunu uzatmaktır. Bunu avcıların kendisini görmesini engellemek amacıyla yapar.

Bazı Heike yengeçlerinin alt yüzü, şaşırtıcı ölçüde eski Japon savaşçılarına benzer. Türün adı da bu yüzden samuray yengecidir. Japon geleneklerine göre, bu yengeçler çok eskiden ölmüş savaşçıların ruhunu taşır ve bu nedenle yakalanan samuray yüzlü yengeçler, denize geri bırakılırlar.

Amazon karıncaları güvenli bir şekilde yere inmeyi bilir. Bu karıncalar ağaçların üzerinde ve yerden otuz metre kadar yüksekte yaşadıkları için rüzgâr tarafından savrulmaya karşı savunmasızdırlar. Ancak eğer rüzgâr tarafından ağaçtan aşağı savrulur iseler, hemen ayaklarının üzerine doğrulur ve ağacın üzerindeki yerlerine doğru yola koyulurlar. Ağaçtan düşen karıncaların çoğu on dakika içinde savruldukları noktaya geri dönerler.

Kirpi balıkları tehdit edildiklerinde bir balon gibi şişebilmek için içebildikleri kadar su içerler. Böylece, büyüklüğü ve dış yüzeyindeki dikenler nedeniyle düşmanlarına yutmak için aşırı büyük ve tatsız tuzsuz görünürler.

Bir yunus hasta veya yaralı olduğunda attığı ıstırap çığlıkları, diğer yunusların anında yardıma koşmasını ve nefes alabilmesi için yardım isteyen yunusu yüzeye doğru taşımalarını sağlar.

Görünüşe göre yok edilmeleri imkânsız olan hamam böcekleri, başları olmaksızın dokuz gün daha yaşamaya devam ederler. Ama başı olmadan on altı ay yaşamayı sürdüren tavuğun yanında bu bile sönük kalır. ABD'de, Colorado'da, Mike adında bir pilicin başını kesen kişi, beyin sapının bir bölümünü geride bırakmış ve tavuk bu halde on altı ay boyunca yaşamaya devam etmiştir. Sahibi pilici beslemek için yiyecek ve içecekleri doğrudan damlalıkla gırtlağına boşaltmıştır.

Bu süre boyunca Mike yem için gagalar gibi yapmaya devam etmiş ve ötmeye çalıştığında yalnızca gurultular çıkarmıştır. Sonunda bir mısır tanesi yemiş ve boğularak ölmüştür.

# Veee Kazanan...

## *Hayvanlar Belayı Nasıl Savuşturur?*

Taklitçilik, hayvanlarda sık rastlanan bir savunma yöntemidir. Pek çok hayvan diğerlerini kendisinin aslında olmadığı bir şey olduğuna inandırabilir.

Örneğin, Endonezya adalarından birinde, insanlar "ular kepala dua" adını verdikleri, yalnızca yirmi santimetre boyunda ve üstelik zehirli bile olmayan bir yılandan korkarak yaşar. Bu yılanın kuyruğunda kobra yılanına benzeyen şekiller vardır. Ular kepala dua, tehdit algıladığında başını yere gömerek kuyruğunu kaldırır ve zehirli akrabası kobraymış gibi bir poz alır. Nasıl olup da daha zehirli bu akrabasını taklit etmeyi öğrendiği ise hâlâ bir muammadır çünkü kobra yılanları bu adada yaşamazlar.

Benzer şekilde, Kaliforniya boğa yılanları çıngıraklı yılan numarası yaparlar. Tehlikeyle karşılaştıklarında kafalarının arkasını genişletir, yüksek sesle tıslar ve kuyruklarını titretirler. Bu hareketler çoğu düşmanı korkutmaya yeter.

Brezilya'da yaşayan şahin kelebeğinin tırtılı, kendini savunmak için benzer bir yöntem kullanır. Tırtıl tehdit edildiğinde tehlikeli bir yılanın başına benzetmek için göğsünü şişirir.

Kobralar bile tehdidin boyutlarını abartırlar. Başlarında bir şemsiye gibi açılan kapüşonumsu bir yapı vardır ve açıldığında kobraları gerçekte olduklarından çok daha büyük ve saldırgan gösterir.

Kurbağalar blöf yapar. Bazı kurbağaların düşmanlarından kurtulmak için kullandığı bir yöntem vardır. Bu kurbağalar kalın sesle vraklarlar ve bu da onların gerçekte olduklarından daha büyük oldukları izlenimi yaratır.

Aldatma şampiyonu çubuk böcekleri yalnızca bir araya geldiklerinde dal gibi görünmekle kalmazlar; üstelik öyle yumurtalar yaparlar ki, tıpkı bitki tohumları gibi kokan bu yumurtaları düşmanları fark edemez ve yiyemezler.

Bir tırtıl türü olan *Nemoria* kendisini en sevdiği yiyeceğe benzeterek düşmanlarını atlatır. Tırtıl ilkbaharda meşe ağacı çiçeğini, yazın ise ağaç dallarını taklit eder.

Ahtapot kılık değiştirme ustasıdır. Avustralya'da yaşayan bir tür ahtapot yosunları taklit etme yeteneğine sahiptir. Endonezya'da yaşayan bir tür ise, kendisini yuvarlayıp bir topa benzetir ve okyanus tabanında top gibi yuvarlanır. Biyologlar, ikincisinin akıntı tarafından sürüklenen bir hindistancevizi izlenimi yarattığı kanısındadır.

Bir diğer çizgili ahtapot ise doğaçlama ustasıdır ve zehirli olanlar başta olmak üzere, birçok başka canlıyı, özellikle zehirli olanlarını taklit edebilir. Kollarını yayarak zehirli aslan balığına ve gövdesini yassılaştırıp dalgalı bir şekilde deniz tabanına sererek zehirli bir yassı balığa benzer. Bununla birlikte, en iyi hilesini baş düşmanı papazbalığının kendisine saldırdığı zamanlara saklar: Ahtapot ayaklarından altısını bir deliğe sokar ve kalan ikisini ölümcül deniz yılanı gibi görünmek üzere dışarıda tutar. Bilim insanları, bu müthiş oyuncunun denizlalesini ve dikenli iri vatozları bile taklit etme yeteneği olduğuna inanıyor.

Kelebekler, ölüm kalım durumlarından blöf yaparak kurtulur. Tavus kuşu kelebekleri baş düşmanları olan mavi baştankaralarla karşı karşıya kaldıklarında kanatlarında bulunan göz şeklindeki desenleri açıp kapatırlar. Baştankara göz kırpan bir baykuşla yahut saldırabilecek bir başka iri kuşla karşılaştığını sanarak bir an afallar. Kelebek baştankaranın bu tereddüt anından yararlanarak kaçar ve kurtulur.

ALTINCI BÖLÜM

# Çalışma, Dinlenme ve Oyun

## Hayvanlarda Yaşam Tarzı

Bize ne kadar tuhaf görünürse görünsün, hayvanların belirli bir evrim süreci içinde geliştirdikleri yaşam tarzları başarılıdır ve bu binlerce yıldır böyledir. Elbette soyları tükenmiş yahut tükenme yolunda olmayanlardan söz ediyoruz. İnsan yaşamında olduğu gibi hayvanlarda da en iyi denge çalışma, dinlenme ve oyunla sağlanır.

# TOPRAĞIN ALTINDA

## *Hayvanların Bazı Meşgaleleri*

ÇIRÇIR BALIKLARI üstün yetenekli masörlerdir. Bu balıklar, başka balıkların vücutlarındaki ölü deri parçaları ve parazitlerle beslenir ve diğer balıklar çırçır balıklarına vücutlarında bu temizliği yapma izni verirler. Bu nedenle çırçır balıkları müşteri kazanmak ve tekrar tekrar aynı işi yapabilmek amacıyla, müşterilerinin hoşuna gidecek şekilde sırt masajı yapmayı öğrenirler.

Bazı arılar, cenaze levazımatçısı görevini üstlenerek ölü işçi arıları kovandan atmak işini yaparlar. Bu tür arılar, sıradan işçi arılardan daha yüksek bir sınıf sayılır ve daha gelişkindirler.

Bazı genç kuşlar bebek bakıcılığı yaparlar. Florida'da yaşayan bir yaşına gelmiş fundalık kargaları yuvayı terk edeceк yavrulamak yerine yuvada aileleriyle kalır. Yuvayı korur, temizler ve küçük kardeşlerinin büyütülmesine yardım ederler. Bu tür davranışlar kuşlar âleminde pek alışılmamış olsa bile göründüğü kadarıyla bencillikten azade bir davranış da değildir: Kargalar, başka bir yerde belirsizliklerle dolu bir hayat sürmek için evi terk etmek yerine uygun bir eş bulmayı beklemektedir. Bir eş bulur bulmaz da bebek bakıcılığı işini bırakıp sıvışmaktadır.

Şempanzeler dişçilik yapar. Bir grup şempanzenin ağaç kıymıklarını kürdan gibi kullanarak birbirlerinin dişlerini temizlediği gözlenmiştir: Şempanzenin biri sabırla, kımıldamadan otururken dişçi şempanze kürdanı dikkatle kullanarak, onun dişlerindeki yiyecek artıklarını temizler.

Çiçek polenlerini yalnızca kuşlar ve arılar yaymazlar. Gerbiller de Afrika laleleri için polen yayma görevini üstlenmişlerdir.

Kangurular ustalıkla kuyu kazar. Suya erişmek için bir metre derinliğinde kuyular kazabilirler.

Kelebekler birer kimyagerdir. Afrika ipek otu kelebekleri, birçoğu doğadaki diğer canlılar tarafından bilinmeyen, iki yüzü aşkın farklı kimyasal maddeyi karıştırma yeteneğine sahiptirler.

Güney Amerika'da yaşayan tek ayı türü, "gözlüklü ayı", orman işçisi olarak önemli bir görev yapar. Bu ayı, defne ağacının tohumlarını dışkısıyla ormana yayar ve sert kerestesi çok değerli olan bu ağacın varlığını sürdürmesini garanti altına alır.

"Ağır işten kimse ölmez" diyen eski deyim *Bombus* cinsine ait yabanarıları için geçerli değildir. Kanada'da yaşayan bu arılar üzerinde yapılan bir araştırma yiyecek aramak için sürekli dolaşan arılarla, yuvada kalıp tembellik eden arıların yaşama sürelerini karşılaştırmıştır. Çalışkan arılar, tembel olanlara kıyasla çok daha gençken, esas olarak da kanatlarının aşırı kullanım nedeniyle aşınması yüzünden ölmektedir.

Yarım kilo bal yapmak için bir balarısının yaklaşık on milyon uçuş yapması ve çiçeklerden malzeme toplaması gerekir.

# DÜNYANIN EMEKÇİLERİ

## *Doğada On Parmağında On Marifet Olan Canlılar*

HİÇBİR CANLI, hayvanlar âleminin on parmağında on marifet olan üyesi karıncalar kadar çok yönlü yeteneğe sahip yahut onlar kadar çalışkan değildir. Aşağıda karıncaların yaptığı çok sayıdaki işten birkaçı verilmiştir:

SİLAHLI MUHAFIZ: Küçük yaprak kesici karıncalar daha büyük karıncaların sırtında gözcü olarak seyahat ederler. Büyük karıncalar yaprakları yuvaya geri getirirken, küçük karıncalar da çevreyi gözleyerek tehdit olup olmadığını kontrol ederler.

BAHÇIVAN: Bilim insanlarına göre, bitki yetiştirme konusunda doğada bulunan en yetenekli yaratıklar olan karıncalar elli milyon yıldan beri bahçelerinde lezzetli mantarlar yetiştirmektedir. Bu süre zarfında mantar yetiştiriciliğinde ustalaşmışlardır.

Örneğin, yaprak kesen karıncaların özel bir grubu bahçedeki zararlıları ayıklar. Karıncalar, yiyecek için mantar tarlalarına bel bağladıklarından istedikleri türden mantarın yetişmesine özen göstermek zorundadır. Bahçeyi zararlılardan korumakla yükümlü olan karıncalar bahçede herhangi bir zararlı içeren bölümleri kazarlar ve gübre yığınları yapar gibi yığınlar halinde biriktirirler. Bu karıncalar ayrıca bahçeye çeki düzen verirler.

Karıncalar bahçelerini korumak için de bir dizi tarım ilacı geliştirmişlerdir. Bazı karıncalar vücutlarında bulunan bir cepte mantar hasadını mahvedebilen bir tür parazite karşı güçlü bir antibiyotik etki yaparak iyi hasat almalarına yardımcı olan bir tür bakteri taşırlar. Ayrıca bahçelerini istenmeyen otlardan temizleyen tarım ilaçları da geliştirmişlerdir.

Amazon karıncaları bazı alanları temizleyerek tek bir tür ağaç yetişmesini sağlarlar. Amazon yerlileri bu alanları "şeytan bahçesi" olarak adlandırır. Karıncalar, bahçelerinde yetişen istenmeyen bitkileri ev yapımı bir bitki öldürücü ilaç kullanmak suretiyle yok ederek, temiz tutarlar: Formik asit.

SÜTÇÜ KIZ: Bazı türlere ait dişiler yaprak bitlerini antenleri ve ön ayaklarıyla okşayarak, yaprak bitlerinin sütünü sağarlar. İkna edilerek sağılan bir ineğin memesinden süt vermesi gibi, yaprak biti de şekerli özsu damlaları üretir. Karınca bu özsu damlalarını karnına depolar ve karnını tıka basa doldurduktan sonra yuvaya dönerek karnındaki özsuyu yuvadaki diğer karıncalarla paylaşmak üzere kusar.

DEĞİRMENCİ: Toplayıcı karıncaların ordularının en irileri daha küçük işçi karıncaların toplayıp getirdiği tohumları öğütürler. Tohumun dış kabuğunu soyup besince zengin iç kısımlara ulaşmak için iri ve kuvvetli alt çenelerini kullanırlar.

ÖĞRETMEN: Temnothorax türü karıncaların erişkinleri yiyecek ararken yanlarında bir de çırak bulundururlar. Bu karıncalar, bilim insanlarının "ardışık koşu" diye nitelendirdikleri bir yöntem kullanırlar. Öğretmen karınca kendisini izleyen öğrencisine gelecekte yiyecek toplamak için tutması gereken doğru yolları gösterir.

Öğretmen müthiş sabırlıdır. Eğer öğrenci etrafı tanımak için arada bir durursa öğretmen de durur ve bekler. Öğrenci karınca gitmeye hazır olduğunda öğretmeninin arka bacağına ya da karnına hafifçe dokunur. Eğer öğrenci çok geride kalırsa öğretmen hızını azaltarak öğrenciyi bekler. Bu şekilde yiyeceğe ulaşmak, öğretmen karıncanın dört kat daha fazla zamanını alır. Ancak bilim insanları, bu tek yolculuğun grup için yarattığı kaybın, grubun bir üyesi daha yiyeceğe giden doğru yolu öğrendiği için fazlasıyla telafi edildiğine inanıyor.

CENAZE LEVAZIMATÇISI: Yaprak kesici karıncalar cenaze levazımatçılığı da yapar. Bir grup karıncanın görevi, grubun ölen üyelerini taşıyarak mantar bahçesinin yakınındaki gübre yığınına götürmektir.

# VASIFLI İŞGÜCÜ

## *Alet Kullanan Hayvanlar*

ŞEMPANZELER alet kullanır. Bilim insanları şempanzeleri aralarında "keski", "delgi zımbası" ve arı kovanlarındaki bala ulaşmak için bir tür daldırma aletinin bulunduğu çeşitli aletleri kullanırken gözlemlemişlerdir.

Goriller, göllerde ve su birikintilerinde ilerlerken sopalar kullanarak derinliği kontrol ederler. Maymunların su içinde ilerlerken yollarını belirlemek için bir metre uzunluğunda çubuklar kullandıkları sırada çekilmiş fotoğrafları vardır.

Karıncaların elektrikli bıçaklara eşdeğer aletleri vardır. Bıçaklar, gövdelerinin en arka kısmındaki iki farklı parçayı birbirine sürterek çıkarttıkları ve mesaj vermelerine yarayan aynı cırlamayla çalışır. Bu durumda, titreşim karıncaların çenelerinin hızlı darbelerle hareket etmesini sağlar. Bu da karıncaların yuvaya taşınacak yaprak, çiçek, dal ve diğer bitki parçalarını daha kolayca kesmelerini sağlar.

Büyük eşek arıları geometrik olarak mükemmel peteklerini yapmak için su terazisinin eşdeğeri olan kendi aletlerini kullanırlar. Her nasılsa, eşekarılarına doğru açıyı gösteren küçük kristalleri kullanarak yuvalarının duvar ve tavanlarını örerler. Bu alet çok daha etkileyicidir çünkü eşekarılarının çalıştığı zifiri karanlık koşullarda bile iş görür. Bilim insanları bütün bunların nasıl olduğunu hâlâ aydınlatamamışlardır.

Yalnızca Yeni Kaledonya adlı Pasifik adasında yaşayan ve "Yeni Kaledonya kargaları" adı verilen karga türü kendi aletlerini yapan tek hayvan olarak bilinmektedir. Bilimsel araştırmalar bu karganın yiyecek ele geçirmeye yarayan çeşitli aletler yaptığını kaydetmektedir. Larvaları ağaç gövde ve dallarından çekip almaya yarayan bitkisel gereçten yapılmış kancalar, bu aletler arasında yer alır. Bir bilimsel araştırma sırasında yeni Kaledonya kargası bir tüpün içine saklanmış olan yiyeceği çıkarabilmek için bir parça kabloyu bükerek bir çengel yapmıştır.

Hatta bu süper zeki kargalar alet yapımını araştırma ve geliştirme merkezleri kurmaktadırlar. Bir araştırma, karga topluluklarının yaptıkları işlere ilişkin bilgileri paylaşıyor gibi göründüğünü ortaya çıkarmıştır. Kargalar birbirlerinden hangi tasarımların işlev görüp görmediğini öğrenmekte ve buna göre aletlerinde gerekli değişiklikleri yapmaktadırlar.

Yunuslar sünger kullanır. Gagalı yunuslar yiyecek ararken ağızlarında sünger taşırlar. Bilim insanları, yunusların bu süngerleri başka türlü ulaşılması zor yiyecekleri yerlerinden çıkarmak için kullandıklarını düşünüyor.

Avcı kuşlar dev yumurtaları kırmak için taş kullanırlar. Mısır'da yaşayan akbabaların sert kabuklu yumurtaları kırmak için bir dizi kurnazca yöntem kullandıkları gözlemlenmiştir. Eğer yumurta görece küçük ise akbaba yumurtayı gagasıyla yakalar, yükselir ve yüksekten bırakarak yumurtanın kırılmasını sağlar. Ancak akbaba eğer devekuşu yumurtası gibi taşınamayacak kadar büyük bir yumurtayla karşılaşacak olursa başka bir yöntem kullanır: Akbaba gagasında taşıdığı taşları çok yüksekten, kırıncaya kadar yumurtanın üzerine bırakır. Avustralya'nın kara göğüslü akbabaları da emu yumurtalarını kırmak için aynı yöntemi kullanırken görülmüşlerdir.

# Evim Evim Güzel Evim

## *Hayvanlar Nasıl Mutluluğu Yuvalarında Bulur?*

Avrupa sığırcıkları yuvalarıyla pek gurur duyarlar. Yuvalarını sürekli olarak yeniden düzenledikleri yapraklarla bezerler. Ayrıca her yıl bahar temizliği yaparlar.

Yarasalar çadır yaparlar. Panama yarasaları yaprakları dikkatli bir şekilde yerleştirerek Kızılderili çadırlarına benzeyen koniler yaparlar.

Parakeet denilen ufak papağanlar blok apartmanlarda yaşarlar. Güney Amerika rahip papağanları, birbirinin üzerine çatılmış bir dizi kapalı yuva inşa eder. Bu blok kuleler, on beş kadar kat içerebilir.

Termitler, böcekler dünyasında bulunan en etkileyici yuvaları yapar. Bu yuvalardan en büyüğü Avustralya'da bulunmuştur. Yuva tabanda otuz metre otuz santimetre çapında ve altı metre yüksekliğindedir. Afrika'da bulunan tabanı daha küçük çaplı bir yuva öbeği ise tam on iki metre sekiz santimetre yüksekliğe ulaşmaktaydı.

Bazı böcekler merkezi ısıtmalı bitkilerin içinde yaşar. Örneğin, Fransız Guyana'sındaki bokböcekleri gece boyunca çevreye göre dört santigrat derece daha yüksek sıcaklık sağlayan çiçeklerin içinde yaşarlar. Ancak çiçeklerin bu kiradan muaf barınmayı sağlamaları sebepsiz değildir: Böcek çiçeğin içindeyken, çiçeğin polenleriyle beslenir ve bu arada çiçeğin döllenmesini sağlar.

ABD gibi bir ülkenin simgesi olan bir kuştan umulacağı üzere dazlak kartallar büyük yuvalar yaparlar. Kartal çiftleri her yıl aynı yuvaya döner ve her defasında yuvaya yeni bölümler eklerler. En büyük yuva rekoru iki metre doksan santimetre genişliğinde ve altı metre yüksekliğindedir. Bu yuvanın ağırlığı ise iki tonu aşkındı.

Taş oynatan çırçır balıkları derinliklerin göçebeleridir; her gece kendilerine yeni yuva yaparlar. Çırçır balıkları deniz tabanındaki döküntülerden çeşitli parçalar toplarlar, sonra da bu parçalardan kendilerine küçük bir sığınak inşa ederler. Geceyi geçici bir çadır kampı gibi kullandıkları bu yuvada geçirir ve ertesi sabah bir başkasını yapmak üzere yollarına devam ederler.

Kuşlar yuvalarını sağlıklı bir karışımla döşerler.

Sinekkuşunun da aralarında bulunduğu pek çok tür yuvalarını kokulu bitkilerle kaplar. Bilim insanları, yuvaları kaplayan çeşitli bitkilerin farklı işlevleri olduğunu fark etmişlerdir. Örneğin, civanperçemi yaprakları sivrisinekleri uzak tutmaya yarar. Başka bitkiler, bir yandan güneşten korunmak için gölgelik görevi yaparken, öte yandan bakterileri öldürür.

Fareler yuvalarını defne yapraklarıyla döşer. Araştırmacılar, farelerin bu kokulu bitkileri uyudukları yerlerin yakınlarına koyarak yuvalarını parazitlere karşı dezenfekte ettiği kanısındadır.

Evleriyle iftihar eder termitler yuvalarını naftalin topları kullanarak temiz tutar. Termitler, küçük miktarlarda naftalini tıpkı insanların gardıroplarından güveleri uzak tutmak için kullanmaları gibi, ateş karıncası ve benzeri zararlı böcekleri yuvalarından uzak tutmak için kullanırlar.

Taze dışkı kokusu bazı hayvanların hoşuna gider. Estrildid ispinozlar, daha büyük ve korkutucu hayvanların kurumuş dışkılarıyla yuvalarını kokutarak yırtıcı hayvanlara karşı önlem alırlar. Afrika kuşları savandaki büyük et yiyici hayvanların dışkılarını toplar ve yuvalarının çevresine serpiştirir. Başka estrildid ispinozlar da daha büyük kuşların dışkıya bulanmış teleklerini toplar. Her iki durumda da koku aldatıcı işlevi görerek, yırtıcı hayvana estrildid ispinozların yuvalarına saldırmanın iyi bir fikir olmayabileceğini düşündürür.

Oyucu baykuşlar da dışkı toplayarak yuvalarının dışında biriktirirler. Ancak bunu yırtıcılardan kurtulmak için değil en sevdikleri yiyecek olan bokböceklerini oraya çekmek için yaparlar. Burada dışkı yem görevi yapar. Baykuş oturup sabırla, tıpkı bir balıkçının avını beklemesi gibi dışkılara gelecek bokböceklerini bekler.

Yengeçler evlerini değiş tokuş eder. Yengeçler okyanusun tabanından kazıp çıkardıkları ölü yumuşakçaların kabuklarından yapılmış, hareket edebilen yuvalarda yaşar. Ancak, yengeçler seçicilikleriyle ünlüdür. Evlerini beğenmeyen yengeçler bir araya toplanır ve birbirleriyle yuva olarak kullandıkları kabukları değiştirirler.

Kunduzlar kendilerine özel su parkları yapar. Bir havuzlar ağı oluşturmak amacıyla kaya parçaları, ağaç dalları ve çamur kullanarak setler yapar, kanallar kazarlar. Daha sonra, avcıları engellemek için çamur ve dallar kullanarak girişleri su altında olan barınaklar inşa ederler. Bunun çevre için yararlı mı, zararlı mı olduğu tartışma konusudur.

Kimilerine göre, kunduzlar, içinde çok çeşitli hayvan ve bitkilerin gelişebileceği havuzlar yaparak yaşadıkları ekosistem içinde önemli bir rol oynamaktadır. Kimilerine göre ise, kunduzlar bu şekilde küresel ısınmaya katkıda bulunmaktadır. Kunduz toplulukları taşkınlara, tortulların birikimine ve bitkilerin çürümesine yol açmaktadır. Bu da, iklimbilimcilere göre, "muazzam" miktarlarda metan ve karbondioksit gibi sera gazlarının açığa çıkmasına neden olmaktadır.

Bazı dişi eşekarıları ev yapmak için girilmesi gereken bütün o zahmete katlanamazlar. Bu dişiler, enerjilerini yavrularını yetiştirmeye harcadıktan ve diğer dişilerin ev yapmasına izin verdikten sonra onların yuvalarını çalarlar.

# GÜZEL VE ÇİRKİN

## Hayvanlar Âleminde Sağlık, Temizlik ve Güzellik

BAZI KUŞLAR makyaj yaparlar. Kur yapma sırasında, göçmen çulluklar doğal olarak tüylerini kaplayan mumsu bir madde salgılar. Mumsu makyajın karşı cinsin cazibesini kazandığı ve aynı zamanda kuşlar kuluçkaya yattığında kuşlara yardımcı olduğu düşünülmektedir.

Mısır akbabaları kendilerini benzersiz bir yüz bakım malzemesi kullanarak güzelleştirir: Başka hayvanların dışkıları. Akbabalar parlak renkli yüzleri çekici bulur. Bu yüzden, bu kuşlar lutein denilen pigmentçe zengin bir maddeyi bolca içeren inek, koyun ve keçi dışkılarını yerler. Yeterince dışkı yediklerinde lutein akbabaların soluk beyaz yüzlerini ışıldayan bir sarıya dönüştürür. Bu da, akbabaların yalnızca yakışıklı değil, aynı zamanda mideye indirdikleri dışkının içindeki bütün parazitlerle baş edebilecek kadar da sağlıklı ve güçlü olduklarını gösterir.

Pek çok kuş vücuduna antibiyotik bir bakım kremi uygular. Bu kuşlar karıncaları yakalayıp ezdikten sonra bu ezilmiş böcekleri tüylerine sürerek böceklerin içerdiği antibiyotik salgıları açığa çıkarırlar. Karınca bulamayan kuşlar kendi vücut losyonlarını kendileri yapar: Bazıları ezilmiş kırkayakları, bazıları ise kadife çiçeklerini kullanırlar. Bazı kuşların kendilerini atılmış sigara izmaritleriyle ovdukları görülmüştür. Anlaşıldığı kadarıyla, bütün bu maddelerin anti-bakteriyel özellikleri vardır.

Bazı hayvanlar kendi saç kremlerini yapar.

Kuzey Amerika'da yaşayan kahverengi ayılar, buralarda yetişen ve "osha" adı verilen bir bitkinin köklerini toplar ve çiğneyerek lapa haline getirirler. Daha sonra bu köpüklü karışımla tüylerini ovarlar. Bilim insanları bu davranışın hayvanların derilerini sağlıklı ve parazitlerden azade kıldığı kanısındadır.

Benzer şekilde, Panama'da yaşayan ve rakunların akrabası olan koatisler vücutlarını yaşadıkları bölgeye özgü Trattinickia ağacının özsuyuyla ovarlar.

Maymunların özel sinek kovucuları vardır: Kapuçin maymunları rahatsız edici böcekleri defetmek amacıyla vücutlarına zehirli kimyasallar içeren bir vücut kremi sürer. Kapuçinler, bu böcek kovucuyu kırkayakları yakalayıp ezerek ve macun haline getirerek yaparlar.

Maymunlar tımar edilirken insanların eroin benzeri uyuşturucular etkisiyle hissettiğine benzer bir kimyasal "uçuş" yaşarlar.

Çizgili kuyruklu lemurların tarak gibi dişleri vardır. Lemurlar, bu dişleri birbirlerini tımar etmek için kullanırlar.

Erkek aslanlar arasında uzun saç asla moda olmaktan çıkmamıştır. Bir aslanın yelesi ne kadar uzun, ne kadar parlak ve ne kadar koyu ise dişilere o kadar çekici gelir ve diğer erkek aslanları o kadar korkutur. Bunun da gayet iyi sebepleri vardır: Uzun ve koyu renk yeleli aslanların testosteron düzeyleri daha yüksektir, daha az yaralanırlar ve genellikle daha sağlıklı ve iyi beslenmişlerdir. Ama ormanların kralının bile bir Aşil Topuğu vardır: Kızılötesi araştırmalar, aslan dışarıda açık savandayken yelesinin yüksek ısı oluşturduğunu ve bunun da enerjisini tüketebileceğini ortay koymuştur.

Buna rağmen, aslanlar âleminde dazlak olmak tümüyle olumsuz bir durum olmayabilir. Kenya'daki Tvaso Ulusal Parkı'ndaki aslanların seyrek sarı saçları, sakalları, kıllı bir göğüsleri ve favorileri olmakla birlikte yeleleri yoktur. Buna rağmen, araştırmalara göre hareketli bir cinsel yaşamları vardır ve kendilerine ait bir grup dişileri bulunmaktadır. Yeleli aslanlar ise dişilerini genellikle gruptaki bir ila üç arasında değişen sayıdaki diğer erkek aslanla paylaşmak zorundadır. Bu durum, insanlar âleminde olduğu gibi, aslanlarda da, tepedeki kelleşmenin erkekliğin bir göstergesi olup olmadığına ilişkin bir merak yaratmıştır.

Çoğu kuş, iş temizliğe gelince müşkülpesent olmasına karşın, Antarktika'nın donmuş tundralarına özgü bir kuş türü olan kaya ptarmiganlarının erkekleri kendilerini çamura bularlar. Büyük olasılıkla bunun cinsellikle bir ilgisi vardır.

Doğanlar ve benzeri dikkatini çekmemek ve mevsimlere göre değişen doğaya uyum sağlamak için, ptarmiganlar karlı mevsim boyunca doğal beyaz renklerindedir. Yazın karlar eridiğinde manzara daha kahverengiye dönünce; bu tüyler dökülerek, yerine daha alacalı renkte tüyler çıkar. Erkekler özellikle kendilerini çamura bulayarak, karla kaplı çevreden kolaylıkla ayırt edilebilmeyi sağlarlar. Bilim insanları erkek kuşların gönüllü olarak doğal kamuflajlarından sıyrılmalarını dişilere yönelik bir maçoluk gösterisi olarak yorumluyor. Kendisine bir eş bulan erkek ptarmigan sonsuz beyazlıkta yeniden görünmez olmak için yıkanarak temizlenir.

Yengeçler kendilerini kuma gömerek kabuklarını temizler. Kendilerini kuma gömdükten sonra sırtlarında biriken bakteri ve minik kabuklulardan vücutlarını kumla ovarak kurtulurlar.

Oklu kirpiler dişlerini kayalara sürterek keskinleştirir.

Hayvanlar beslenmelerine dikkat ederler. Doğru beslenme dengesine sahip olmak için yeme alışkanlıklarını ayarlarlar. Hayvanlar arasında bu türlü seçiciliği kanıtlanmış olanlar ağılı böcekler ve örümceklerdir. Her ikisine de önce ya protein ya da yağ bakımından zengin yiyecekler verilmiştir. Daha sonra yağlı ve proteinli yiyeceklerin her ikisi birlikte verildiğinde daha önce yediklerini dengeleyen seçeneği tercih ettikleri görülmüştür.

Biyologlar tarafından çok çeşitli yiyecekler verildiğinde alabalıkların yüksek proteinli yiyecekleri tercih ettikleri yağ ve karbonhidratlardan kaçındıkları görülmüştür. Bilim insanları, et yiyici hayvanların da dengeli beslendiği kanısındadır. Örneğin, bir gövdeyi yiyen kurt ve kedigiller farklı besinler için gövdenin farklı bölümlerini yiyebilirler. Örneğin, kalsiyum almak için kemikleri yerler.

Dikenli ıstakozların sağlık ve beslenme bilinçleri çok gelişmiştir. Ayrıca ağızlarının tadını da bilirler. Yemekten sonra minicik temizleme fırçaları içeren antenlerini ağızlarından geçirirler. Sağlıksız Çin fast-foodlarında bulunan ve ender olarak yosunlarda da rastlanan bir maddeye, mono sodyum glutamata karşı özellikle hassastırlar. Bu maddeyi fark eder etmez kendilerini temizlemeye başlarlar.

Su aygırları kırmızı-turuncu renkte terler. Bilim insanları bunun güneşten koruyucu bir tür antibiyotik olduğu kanısındadır.

# UYKUCULAR

## *Hayvanlar Nasıl Uyur?*

ARALARINDA FARELER ve ornitorenklerin de bulunduğu pek çok hayvanın rüya gördüğüne işaret eden REM, hızlı göz hareketleri deneyimledikleri anlaşılmıştır.

Bir karabalinanın da REM rüyası gördüğü izlenmiş ve altı dakika sürmüştür.

"Tavşan uykusu" deyimi pek çok tür için geçerlidir.

Örneğin, bir gagalı yunus kendisini avcılardan koruyabilmek için her defasında beyninin bir yarısıyla uyur. Bir gözü ardına kadar açık durumdayken beyninin bir yarısını devre dışı bırakır ve bir gözünü kapatır. Yaklaşık her iki saatte bir devre dışı olan beyin bölümünü ve açık olan gözünü değiştirerek uyur ve her günün yaklaşık üçte birini bu durumda geçirir. Deniz biyologları bu yarı uykuda olma halinin hem yunusun üfürme deliğini kontrol altında tutmasına hem de nefes almak için ne zaman yüzeye çıkması gerektiğini anlamasına olanak verdiğine inanıyor. Bilim insanlarına göre, eğer yunus uyurken beyninin her iki yarısını da devre dışı bırakacak olsa, boğulurdu.

Ördeklerin uykudayken birbirlerini korumak için kullandıkları çok bilgece bir yöntemleri vardır. Bir grubun dış çeperindeki ördekler beyinlerinin yarısıyla ve bir gözleri açık uyurlar. Bu durum, grubun ortasındaki ördeklere derin bir gece uykusu uyumak için beyinlerinin her iki yarısını da devre dışı bırakma olanağı sağlar.

Cocktail kuşları ve penguenlerin de yarı uykuda olduklarına işaret eder şekilde bir gözleri açıkken uyudukları gözlenmiştir. Albatrosun bütün hayvanlar içinde bu yöntemi en etkin bir şekilde kullanan hayvan olduğu sanılıyor. Bu deniz kuşu beyninin yarısını devre dışı bırakarak ve diğer yarısını otomatik pilota alarak, bir kerede yaklaşık on bin deniz mili gibi çok büyük mesafeleri uçarak kat edebilir.

Zürafalar ayakta uyur. Yatmak için ayaklarının üstüne çöktükten sonra ayağa kalkmaları için gereken zaman öylesine fazladır ki, bu sırada yırtıcılar için oturan birer hedef haline gelirler.

Salyangoz, deniz minaresi ve deniz salyangozu gibi kimi karından bacaklı hayvanların diğer bütün canlılardan daha çok uyuduğu sanılmaktadır. Bazı salyangozlar üç yıl boyunca uyuyabilir.

New York'taki Bronx hayvanat bahçesinde bulunan ayılar, goriller ve köpeklerin uyurken horladıkları işitilmiştir. Yılanlar da gürültülü uyurlar. Bir domuz burunlu yılanın uyurken horladığına tanık olunmuştur.

Güney ve Doğu Avustralya'da yaşayan ve ayıya benzeyen bir keseli hayvan olan vombatlar gündüz uyur, gece avlanırlar. Uyurken sırtüstü yatar ve ayaklarını havaya dikerler. Ayrıca horlarlar.

Şempanzeler arasında esnemek bulaşıcıdır. Biri esnemeye başladığında genellikle diğerleri de ona katılırlar.

Böcekler, insanlar veya memelilerin uyuduğu anlamda uyumazlar. Bununla birlikte akrepler, hamamböcekleri, balarıları, meyve sinekleri ve yabanarıları her gece durağanlaşırlar. Bu sırada daha seyrek nefes alır ve antenlerini düşürürler.

Et yiyen hayvanlar en fazla, otlayan hayvanlar ise en az uyuma eğilimindedir. Bu nedenle et yiyen kahverengi yarasalar günde yirmi saat uyurken, otlayan bir at günde yalnızca iki saat uyur. Nedeni gayet açıktır. Örneğin, zebraların uyumaya pek az zamanları vardır. Açık savanda hayatta kalabilmek için ihtiyaç duydukları enerjiyi ancak günde on dört ila yirmi saat arasında yiyecek ot arayarak elde edebilirler.

Bu kural bütün hayvanlar için geçerli değildir. Örneğin, koalalar, esas olarak okaliptüs yapraklarıyla beslenmelerine rağmen, günün büyük bölümünü uyuyarak geçirirler.

Bunun, bu yaprakların aşırı miktarda yendiğinde zehirli olabilmesiyle bir ilgisi olabilir. Bu nedenle hareketli bir hayat için gerekli besinden yoksun olan pandalar uyuyarak enerji tasarrufunda bulunurlar. Uyanıkken geçirdikleri zamanlar da pek öyle heyecan verici değildir: Bütün zamanlarını ya yemek yiyerek ya da dinlenerek geçirirler.

Kanada'da yaşayan bir tür su kaplumbağasının yavruları ilk kışlarını kendilerini buz kütlelerine dönüştürerek geçirirler. Vücutlarındaki sıvının yarısı buza dönüşür ve böylece gövdeleri temasa karşı dirençli hale gelir. Bahar geldiğinde vücutları çözülür ve doğru düzgün büyümeye başlarlar.

Kış uykusu sırasında sürekli olarak sıfırın altındaki sıcaklıklara tahammül edebildiği bilinen tek memeli türü buz tutmuş tundralarda yaşayan kuzey kutbu yer sincabıdır.

Tropikal maymunlar bile kış uykusuna yatarlar. Madagaskar Adası'nda yaşayan kalın kuyruklu lemurlar kışı bir ağaç kovuğuna kıvrılarak geçirir.

# REN GEYİKLERİ SÖRF YAPAR, EJDERLER FRİZBİ OYNAR

## *Hayvanlar Nelere Gerilir, Nasıl Gevşer?*

Hamsterler kışın depresyona girer. Bir araştırmaya göre, yaşamlarının ilk günlerini güneş ışığının az olduğu yerlerde geçiren hamsterler daha bol güneş ışığı görmüş olanlara kıyasla daha gergin ve depressif olma eğilimindedir.

Gemilerin gürültüsü balıklarda gerginlik yaratır. Balıklar tedirgin olduklarında kortizol adı verilen bir hormon salgılar. Araştırmalar, gürleyen motor seslerinin, özellikle ticari olarak yaygın şekilde avlanan sazan, levrek ve kayabalığı gibi balıklarda kortizol düzeyinin yükselmesine neden olduğunu göstermiştir.

Televizyon piliçleri sakinleştirir. Bilim insanları, çiftlik tavuklarının günde on dakika kadar televizyonda rastgele bir şeyler seyrettikleri zaman daha az tedirgin ve daha sakin olduklarını keşfetmişlerdir. En rahatlatıcı görüntüler balıklar ve uçan cisimlerdir.

Tavuklar, insan yüzlerine karşı nasıl tepki verdiklerinin anlaşılması amacıyla da test edilmişlerdir. Tavukların tercih ettikleri insan yüzleri, insanların cinsel tercihleriyle uyumludur. Bir diğer deyişle, onlar da en fazla güzel insanları tercih etmişlerdir.

Maymunlar çanak çömlek yapmayı sever. Kapuçin maymunlarının ellerine bir parça kil ve boya verildiği takdirde kilden şekiller yaptıkları ve üzerine on sekiz-yirmi dört aylık çocukların çizimlerine benzeyen desenler yaptıkları gözlemlenmiştir. Tıpkı insanlar gibi bazı maymunlar diğerlerinden daha fazla "sanatçı ruhuna" sahiptir.

Balıklar da güneşlenir. Avustralya'da yaşayan mavi yüzgeçli orkinoslar yüzerken bir yandan da güneş ışığından yararlanabilmek için saatler boyunca yan yatarlar. Deniz biyologları, daha iri ve güçlü olmak için balıkların kendilerini ısıttıkları kanısındadır.

Çizgili kuyruklu lemurlar da güneş banyosu yaparlar. Bu oldukça sosyal hayvanlar güneş ışığından daha fazla yararlanabilmek için kollarını uzatmış, gruplar halinde birlikte otururlar.

Kertenkeleler ayaklarını havaya dikerek hayatın tadını çıkarmayı severler. Araştırmalar göstermiştir ki, seçme şansları bulunduğu takdirde dışarının soğuğunda yiyecek aramak yerine sıcacık yuvalarında kalmayı yeğlemektedirler. Ayrıca sıcak ortamlardan daha hoşnut oldukları gözlenmiştir. Kertenkeleler duygusal olarak memnuniyet ifade ederken gözlenmiş ilk hayvanlar arasında yer alırlar.

Zorlu bir iş gününün sonunda erkek imparator kelebekleri bir içki içme ihtiyacı duyarlar. En düşkün oldukları içki sudur ve suyu çiğ damlaları halinde içerler.

Çekirgeler, bacaklarının arka kısımlarına yinelenen biçimde dokunulduğu takdirde, bütün utangaçlıklarından sıyrılır. Bacaklarının arka kısımlarına böyle dokunulunca bu utangaç böcekler girişken hale gelir.

Gergin bir koyunu sakinleştirmenin en iyi yolu onu bir başka koyunla yan yana getirmektir. Keçi gibi başka hayvanlarla yan yana gelmek koyun üzerinde pek az sakinleştirici etki yapmaktadır.

İnekler klasik müzik dinlemeye bayılır. Müzik dinlemek, süt ineklerinin günlük süt verimlerini artırır; ancak farklı tür müziklerin sonuçları da değişir. Beethoven'in *Pastoral* senfonisini dinleyen ineklerin süt üretimi hiç dinlemeyenlere oranla yüzde 3 oranında artmıştır. Ancak, Bananarama'nın 1996 hiti *Venus* gibi daha az sakinleştirici müzikler ineklerde süt veriminin azalmasına neden olmuştur.

Sümüklübböcekler bahçıvanların baş belasıdır. Ancak bataklıklarda yaşayan bir tür Amerikan salyangozu kendi bahçesinin bakımıyla meşgul olur. Salyangoz, bataklık otlarını yiyerek bahçesindeki mantarları besler.

Ejderler frizbi oynamayı sever. Washington'daki Ulusal Hayvanat Bahçesi'nde bulunan Kraken adlı bir yavru Komodo ejderi, aralarında plastik halkaların, bir ayakkabının, bir kovanın, bir teneke kutunun ve en sevdiği oyuncak olan bir frizbinin bulunduğu çeşitli oyuncaklarla oynarken gözlenmiştir. Kraken oyuncakları ağzına almakta ve pençesiyle hızla vurarak, oyuncu bir kedi ya da köpek yavrusu gibi oynamaktaydı. Ejder, bakıcılardan birinin arka cebinden kaptığı mendili, bakıcı öbür ucundan tutarken ağzıyla çekiştirerek, halat çekme oyunu bile oynamıştır. Ejderin oyunları, sürüngenlerin böylesine oyuncu olmalarını beklemeyen hayvan davranış bilimcilerini oldukça şaşırtmıştır.

Ren geyikleri sörf yapar. Norveç'te ren geyiklerinin şiddetli yağmurlardan sonra Namsen Nehri'nin coşkun sularında buz parçaları üzerinde sörf yaptıkları gözlenmiştir.

Su samurları kızak kaymayı sever. Araştırmalar sırasında su samurları defalarca karlı yamaçlardan kayarken görülmüştür.

YEDİNCİ BÖLÜM

# Sosyal Hayvanlar

Hayvanlar Bir Arada Nasıl Yaşar?

*Bütün hayvanlar eşittir*
*ancak bazıları daha eşittir.*

GEORGE ORWELL, *Hayvan Çiftliği*

BİRKAÇ BİN YILLIK BİR TARİH, bir grup insanı bir arada tuttuğunuz takdirde neler olduğunu bize göstermiştir. Bazıları gayet iyi geçinecektir. Bazılarıysa rekabet edecek, kavga edecek, egemen olmaya çalışacaktır ve eğer gerekirse, bu kurallara uymak istemeyenleri öldürecektir. Hayvanlar âlemi de bundan farklı değildir. Hayvan türleri kendilerine özgü farklı krallıklar, ayaktakımı yönetimleri, polis devletleri ve faşist rejimler oluşturmuştur. Doğrusu, çoğu yerde bazı hayvanlar diğerlerinden daha eşit olmak için ne gerekirse yaparlar.

# HEPİMİZ BİRİMİZ, BİRİMİZ HEPİMİZ İÇİN

## *Hayvanlar Birbirlerine Nasıl Göz Kulak Olur?*

ÇAYIR KÖPEKLERİ öylesine dostane topluluklar içinde yaşarlar ki, karşılaştıklarında birbirlerini öperek selamlaşırlar.

Sincapların akrabası olan çayır köpekleri en arkadaş canlısı kemirgenlerden biridir. İki çayır köpeği ne zaman karşılaşsa, dudaklarını birbirlerine dokundurarak selamlaşır. Bunu ağızları açık ve dişleri görünür halde yaparlar. Öpüşmeleri, sık sık dişlerini temas ettirmeye ve hatta kesici dişlerini on saniye kadar birbirine kenetlemeye kadar gider.

Bazı karıncalar, "hepimiz birimiz, birimiz hepimiz için" ilkesini savunarak, üç silahşorlar gibi davranırlar. Özellikle kırmızı ateş karıncaları aralarındaki bağlar en sıkı olan gruplardan biridir. Eğer topluluğun üyelerinden biri tehdit edilecek olursa kurtarmak için hepsi yardıma gelir.

Tehlikedeki bir karınca güçlü bir feromon yaymak suretiyle kimyasal olarak tehlike alarmı verir. Bu alarm, her biri kuvvetli birer iğne taşıyan grubun bütün üyelerini aynı anda saldırıya geçmeleri için uyarır.

Bu, bir karınca sürüsünün saldırısına uğrayan bütün hayvanlar için gerçekten kötü bir haberdir. Çünkü bir ateş karıncası sürüsünün hep birlikte sokması, geyik yavruları büyüklüğündeki hayvanları bile öldürmeye yetebilir. Bu tür toplu saldırılar yüzünden ölmüş insanlar da vardır.

Karıncaların bu dayanışma güdüleri bir yandan da sorun yaratır. O kadar küçüktürler ki, elektrikli aletlerin içine girebilirler. Elektriğe çarpıldıklarında feromon alarmı yayarlar ve binlerce karınca yardım etmek için gelince kendilerini de cızırdatırlar. Bu gibi toplu karınca hareketleri insanların hayatlarını da etkileyebilir. Örneğin, şehirlerde elektrik kesintisine neden olan ateş karıncası saldırıları kaydedilmiştir.

Penguenler, sayıları on biri bulabilen takımlar halinde dalarlar. Dalış esnasında birbirlerini gözetir ve dalış arkadaşı gibi davranırlar.

Kedigillerin çoğu, doğaları gereği, tek başina yaşayan hayvanlardır. Kedigillerin bilinen otuz dokuz türü arasındaki en sosyal yaratıklar, erkek kardeşleriyle sıkı bağlar kuran erkek çitalar ve anaerkil sürüler içinde yaşayan dişi aslanlardır.

Yeryüzündeki en iyi, en dayanışmacı hayvan belki de Arap ötücü kuşu denilen bir kuş türüdür.

Bu kuşlar, alışılmadık ölçüde sıkı bağları olan topluluklar halinde yaşar. Arap ötücüleri birbirlerine göz kulak olur, birbirlerini besler ve birbirlerini tımar etmenin dışında özenle birbirlerinin tüylerine çekidüzen verir; hatta geceleri üşümemek için sımsıkı kucaklaşırlar. Bu kuşlar, topluluğun çıkarlarını kendi çıkarlarının önüne koyarak, topluluk içerisinde yalnızca birkaç unsurun öne çıkmasına izin verir ve hep birlikte görev bilinciyle topluluğun yavrularını yetiştirirler.

Davranışları öylesine alışılmadık ölçüde nazik ve cömertçedir ki, bilim insanları, onların bu denli diğerkâm olabileceklerine inanamazlar. Arap ötücülerinin yaşadıkları kuş toplulukları, erkekler ve daha yaşlı üyeler en tepede olmak üzere katı bir biçimde hiyerarşiktir. Kimilerine göre, insanların sosyal konumlarıyla caka satmak için hayır işlerine para saçması gibi, Arap ötücüleri de iyilik yaparak konumlarını pekiştirmeye çalışıyor olabilirler.

İspermeçet balinaları var olan en eşitlikçi toplum yapısına sahip olabilirler. Araştırmalar göstermiştir ki, bu balinalar arasında karada yaşayan memelilerin hemen tümünde görülen hâkimiyet veya hiyerarşinin izi bile yoktur. Bir sürü içindeki ispermeçetlerin tamamı birbirlerinin varlığından memnundur ve topluluğun çıkarları için birlikte çalışırlar. Bu yakınlık, zaman zaman çok sayıdaki balinanın neden hep birlikte sahile vurmuş durumda bulunduğunu da açıklayabilir.

Güney Amerika örümcekleri dünyanın başka yerlerindeki örümcek türlerinden daha arkadaş canlısıdırlar. Örümcekler genellikle tek başına yaşayan hayvanlar olarak bilinmelerine rağmen Ekvator'da yaşayan bir türün mensupları birlikte takılmaktan hoşlanırlar. Örümcek topluluğu ağlarının çevresinde her defasında sayısı bir düzineye varan gruplar halinde toplanırlar.

Dünyanın en büyük böcek topluluğu güney Avrupa'dadır ve İspanya'nın Atlantik kıyılarından İtalya'ya kadar uzanan bir alanda yaşarlar. Topluluk milyarlarca karınca içerir. İronik olan, karıncaların Avrupalı bile olmayışlarıdır; Arjantin kökenlidirler.

Gökten kemik yağmayabilir ama kesinlikle karınca yağar. "Kuzey orman karıncası" denilen bir karınca türünün yüzlercesi, kuşlar tarafından tehdit edildiğini hissettiğinde havaya zıplarlar ve güvenli bir noktada kara bir yağmur halinde yere dökülürler.

Meerkatlar* arasında aile değerleri canlı ve önemlidir. Meerkat gruplarında saldırganlık enderdir ve yalnızca egemen erkek ve dişinin çiftleşme hakkı bulunduğu için pek az cinsel gerginlik çıkar. Grubun kalan üyeleri topluluğun tamamının çıkarı için kendi üreme haklarından vazgeçmekten mutluluk duyarlar (Ayrıca grubun tümü akraba olduğu ve genetik olarak akraba olmayanları saptamaya yarayan çok gelişmiş bir koku alma duyusuyla donanmış bulundukları için kendi genlerinin de etkin olarak aktarıldığını bilirler). Bunun yerine, yavrunun ana babasına yavruyu beslemek ve bakmak için yardım eder veya yem arama iş-

---

* Meerkat Dancada "göl kedisi" anlamına gelir ve Kalahari Çölü'nde yaşayan ve aslında bir maymun türü olan bu hayvanlara bir yanlış anlaşılma sonucu bu ad verilmiştir-ç.n.

lerini üstlenir yahut şahin gibi yırtıcı kuşlara karşı koruma amaçlı gözcülük görevi yaparlar. Meerkat ailesinin bağları ne kadar sıkı olursa, hayat o kadar güzel olur, özellikle de yavrular için. Araştırmalar, büyük ve işbirliği yapan ailelerin büyüttüğü meerkatların, diğer yetişkinlerin sağladığı ek yiyecekler nedeniyle daha semiz olduklarını göstermiştir.

Böylesine sıkı bağları olan diğer hayvanlar arasında Afrika vahşi köpekleri, şempanzeler, tüysüz köstebek fareler, aslanlar ile bir tür balıkçıl kuşu, alaca yalıçapkını ve Seyşel bülbülü gibi kuşlar vardır.

Bir tür Avustralya kertenkelesi olan kara kaya skinki, geleneksel çekirdek aile içinde yaşadığı bilinen tek sürüngendir. Aile hayatına öylesine inanırlar ki, yetimleri veya üvey kardeşlerini de ailelerine kabul ederler.

Ördekler birbirlerine sokularak gruplar halinde uyurlar ve grubun dış çeperindeki ördeklerin grubu korumak amacıyla gözcülük yapması beklenir. Sürü iki bin ördek içerecek kadar büyük olabilir.

Çayır köpekleri yaşadıkları yerde özel güvenlik önlemleri alır. Bu kemirgenler iki binden fazla üyesi olan topluluklar halinde yaşamalarına rağmen nispeten küçük bir alana, örneğin 0,4 hektardan daha küçük bir alana sığışırlar. 4,5 metre derinliğinde, avcılardan kaçışı kolaylaştırmak için ikişer adet girişi olan yüz adet tünel kazarlar. Bekçi çayır köpekleri her iki girişte nöbet tutar ve herhangi bir tehdit belirdiğinde, topluluğa tehlike işareti verirler.

Göçmen kuşlar uçarken birlikte hareket ederler, özellikle de Baykal ördekleri. Baykal ördeklerinin tamamı Sibirya'da ürer ve her kış toplu halde Güney Kore'ye göç ederler. Bu göç esnasında çeyrek milyon Baykal ördeği toplanır ve hep birlikte güneye doğru uçarlar.

Hayvanların en olmayacak çiftler oluşturduğu öteden beri bilinir. Örneğin, hem kedilerin hem de köpeklerin yaralı kuşları evlat edindikleri gözlenmiştir. Söylenenlere bakılırsa Brezilya'da, Porto Alegre'de bir kedi yuvasından düştükten sonra uçamadığını fark ettiği bir kuş yavrusunu sanki kendi yavrusuymuş gibi bakarak yetiştirmiştir. Kedi ve kuş aynı kaptan mama yiyerek ve kuş da et içeren bir diyet benimseyerek, alışılmadık bir çift oluşturmuşlardır. Hatta kuş kedinin kendisini başka sağlıklı kuşları avlamak amacıyla yem olarak kullanmasına bile izin vermiştir. Çin'de, chihuahua cinsi bir köpek, öksüz bir civcivi evlat edinmiştir. Köpek, civcive ebeveyni gibi davranmış, tehlikelere karşı gözetmiş ve başı derde girecek gibi olunca ağzına alarak güven içinde eve geri getirmiştir.

Köpekler, başka hayvanların yavrularının kendilerini emmesine izin verir. Çin'de bir kedi ve bir çift kaplan yavrusu köpekleri emerken gözlenmiştir.

Bir domuz yıllanmış ruh eşini kaybettiğinde teselliyi hiç olmayacak bir şekilde, bir antilopta bulmuştur. Los Angeles'teki hayvanat bahçesinde yaşayan domuz en iri orman antiloplarından biri olan bongonun yanına taşınmıştır. İkili birbirinden ayrılmaz olmuş; romantik bir şekilde burunlarıyla birbirlerine dokunarak, kucak kucağa uyumaya başlamıştır.

# HAYVANLAR İÇİN HAYVAN İKTİDARI

## *Siyaset, Güç ve Polis Devletleri*

HAYVANLAR, MİLYONLARIN EŞİTLİK ve uyum içinde yaşadığı ütopik toplumlar yaratmaya insanlardan daha fazla yaklaşmıştır. Ancak, bunu yapabilmek için, kurallara uymak istemeyenleri kontrol altında tutmanın esas olduğunu da öğrenmişlerdir.

Örneğin, böcek toplulukları polis devletine benzer ve katı kurallarla idare edilir. Yasaları çiğneyerek "devlet düşmanı" olan böcekler şiddetli cezalara maruz kalırlar. Yabanarısı, balarısı ve karınca topluluklarında kraliçenin otoritesi mutlaktır. Yuvadaki bütün dişi yumurtaları işçi arılar değil, kraliçe yumurtlamalıdır. Bu yasayı çiğnemenin cezası ağırdır.

Eğer bir işçi arı, başıboş bir yumurtayla karşılaşacak olursa ayrıntılı bir inceleme yapacaktır. Eğer dedektif karınca yumurtayı kraliçenin yumurtlamadığı kanaatine varırsa yumurtayı yiyecektir.

Yabanarıları daha da acımasızdır. Eğer yuvadaki diğer dişilerin yumurtladıklarını keşfedecek olurlarsa huzuru sağlamak için hemen bir tim kurarak suçluyu yakalar ve fena halde sokarak canını yakarlar.

İşçi arılar pek çok toplulukta polis görevi yapar ancak daha küçük topluluklarda, otoritesine kimsenin karşı gelmediğinden emin olmak için kraliçenin kendisi devriye gezer.

Brezilya'da yaşayan bir karınca türünde kraliçe arı, alfa dişi olarak statüsünü çok önemser ve rakiplerini kimyasal bir madde kullanarak damgalar. Bu madde astlarından oluşan bir gruba, rakibini cezalandırmaları için verilmiş bir işarettir.

Balarılarının hapishaneleri vardır. Güney Afrika balarıları baş düşmanları olan tank gibi kovan böceğini yakalamak için hapishaneler inşa ederler. İstilacı böceği, hep birlikte çalışarak, bir yarığa benzeyen küçük hücreye girmeye zorlarlar. Yakalandıktan sonra mahkûm böcekler bu konuda ustalaşmış gardiyan arılar tarafından gözetim altında tutulurlar.

Kötü davranışlarda bulunan maymunlar da kanunun uzun kolunu üzerlerinde hissederler. Örgü kuyruklu makaklar hakkında yapılan bir araştırma, toplulukta yaşlı maymunlardan oluşan bir tür polis grubunun olduğunu ortaya çıkarmıştır. Bu polis maymunlar ne zaman gruptan ayrılsa küçük bir suç dalgası kopmaktaydı. Şiddet birden artmakta, kavga eden hizipler ortaya çıkmakta ve birbirini tımar etme ve birlikte oyun oynama gibi sosyal davranışlar ortadan kalkmaktaydı. Ancak, polis maymunlar döndükten ve hatalı maymunları cezalandırdıktan sonra düzen yeniden kurulabilmekteydi.

Ne var ki, bazı böceklere gönüllü olarak boyun eğdirmek mümkün olmaz, bu yüzden kölelik böcekler âleminde etkin ve geçerlidir. Yirmi kadar karınca türü başka türlerin üyelerini kaçırarak çalışmaya zorlarlar. Esir karıncalar, kendi hemcinsleriyle olan çatışmalarda savaşmaya bile zorlanırlar.

Bazı köleci karıncalar diğerlerinden daha acımasızdır. Bunların en acımasızlarından bazıları da New York'ta yaşar. Araştırmacılar New York'ta yaşayan karıncaların davranışlarını, Virginia'da yaşayan kuzenleriyle karşılaştırmıştır. New York karıncaları yaptıkları akınlar sırasında daha çok karıncayı esir almış ve daha çok sayıda kraliçe öldürmüşlerdir. Başarıları kısmen istila ettikleri yuvaların girişlerine diktikleri "fedai" karıncalardan kaynaklanır. Hiçbir karınca fedailerin izni olmaksızın yuvaya giremez ya da yuvayı terk edemez. Fedailer yalnızca yanlarındaki genç karıncaları teslim eden ergin karıncaların yuvadan ayrılmasına izin verirler.

Bununla birlikte, hiç de şaşırtıcı olmayan bir şekilde, New Yorklu karıncalar köleliği kavga vermeksizin kabul etmezler. Diğer karıncalara kıyasla kavgada daha çok karşılık verir ve istilacı karıncaları daha çok sokarlar.

Avrupalı bir karınca türü, tek başına yuvaları ele geçirerek karıncaları köle yapar. Bu türün kraliçesi olan karınca, minicik olmasına karşın, istila edeceği yuvada hüküm süren kraliçenin altına kendisini sabitler ve kraliçeyi yavaş yavaş boğarak öldürür. Eski kraliçenin işçi karıncaları yardım etmek için hiçbir şey yapmazlar ve üç hafta içinde yeni kraliçe işbaşına geçer.

"Portekiz savaş gemisi" adıyla bilinen bir denizanası türü, tek bir canlıymış gibi görünebilir ama gerçekte hep birlikte çalışan bir tek hücreli canlılar grubudur. Bu "hayvanın" her bölümü arasında işbölümü yapar; bazıları hareket etmeye, bazıları beslenmeye ve bazıları da yiyeceği ağ içinde dağıtmaya yönelirler. Ana gövde deniz tabanına yapışmışken bazı bölümleri serbest kalabilir. Avcılar tarafından tehdit edildiğinde yahut yeni alanları denetimi altına almak istediği zaman ortak girişim yeniden bir araya gelir.

Bazı yunuslar çok iyi politikacıdır.

Yunus topluluklarını inceleyen çalışmalar göstermiştir ki, büyük bir yunus sürüsü daha küçük grupların bir araya gelmesinden oluşmaktadır. Bu küçük grupları, oldukça sosyal ve etkili bireyler olan az sayıdaki yunus bir arada tutar. Bu yunuslar, farklı gruplara karışarak onlarla zaman geçirir ve gruplar arası iletişimi canlandırırlar. Eğer bu yunuslar sürüyü terk edecek olurlarsa sürü dağılır ve geri döndükleri takdirde yeniden bir araya gelir.

Sincaplarda da akraba kayırma vardır. Beldings sincapları, gruplarını tehdit eden çakal veya başka bir yırtıcıyı fark ettiklerinde her zaman uyarı ıslığı çalmazlar. Islık çaldığı takdirde düşmanının dikkatini üzerine çekebilecek olan sincap, yalnızca eğer tehdit altındaki sincaplar kendi ailesinin üyeleri ise ıslık çalmaktadır. Aksi halde, diğer sincapları telef olmaya terk edip, kendileri kaçmaktadırlar.

Balıklar da, tıpkı insanlar gibi, cinsel arzu uyandırarak güç kazanır. Araştırmalar, balık topluluklarında egemen statü kazanan erkeklerin daha az gergin olduklarını göstermektedir. Egemen erkek balıklar, ayrıca, daha iri cinsel organ geliştirmekte ve beyinlerinde cinselliğe ilişkin daha çok etkinlik oluşmaktadır.

Sosyal basamaklarda yükselmek herkesi gururla şişirebilir ancak bir tür Afrika balığı bu durumu epeyce abartır. "Cichlic" adı verilen bu balıklarda erkeğin statüsü üreyip üremediğine bağlıdır. Alt basamaklardan, egemen erkek statüsüne yükseldiğinde, erkek balığın kasvetli bir gri olan rengi hemen bir önceki egemen balığın rengi olan parlak mavi yahut sarıya dönüşür. Balığın testisleri de büyür. Ancak en kayda değer etki balığın beyni üzerinde olur: Beyin hücreleri daha önceki ebatlarının sekiz katına ulaşacak şekilde şişer.

# Baba Balıklar

## *Hayvanlar Nasıl Mafya Gibi Davranır?*

Yunuslar yunus kaçırır ve savaşan çeteler oluştururlar. Erkek gagalı yunuslar, genellikle üç yunustan oluşan ve aralarında, ancak bir anne ile evlatları arasında olabilecek türden güçlü sadakat bağları bulunan küçük çeteler kurar. Bu çetelerin mensupları on iki yıl kadar birlikte kalabilirler. Çetenin asıl hedefi, üyelerinin tümünün cinsel ilişki kurabileceği bir dişi yunus kaçırmaktır. Ancak, başka çetelerin meydan okumalarıyla yüz yüze kalırlar. Bu gerçekleştiğinde mafya ailelerine bir hayli benzer şekilde farklı çete grupları ittifaklar yaparlar. On dört yunus üyesi olan "süper çeteler" gözlenmiştir.

Istakozlar gangsterlik de yapar. Ait olduğu topluluğun alfa erkeği olmak ve gruba hükmetmek, her erkek ıstakozun saplantısıdır ve bu kabuklular, bu rolü elde edebilmek için durup dinlenmeksizin kavga ederler. Bu rolü bir kez kapan erkeğin onu elinde tutması da gerekir. Bu nedenle, grubun üyelerine kimin patron olduğunu göstermek için her gece onları evlerinden atar ve döver. Dişiler, alfa erkeğin bu gaddarlığını tuhaf bir şekilde çekici bulurlar. Akşamları dayak yedikten sonra alfa erkeğini evinde ziyaret ederler.

İmparator penguenleri de penguen kaçırırlar. Yapılan bir araştırma, yavruların yarıdan fazlasının gerçek ebeveynlerinden çalınarak evlat edinilmiş olduğu sonucuna ulaşmıştır.

Bazı yaratıklar için cürüm faydalıdır. Pembe balıkçıllar başka balıkların ağzından balık çalarlar; hatta öyle ki, bazen öteki kuş uçarken yaparlar bunu. Çalışmalar göstermiştir ki, uçuşunun ortasında başka kuşlara saldırıp onları soyan anneler daha dürüst bir hayat süren dişilerin yavrularına kıyasla kendi yavrularının niteliklerini geliştiriyor.

Küçük göllerde iri balık olmak alabalığı zorbalaştırabilir. Hemen şiddete başvuran daha büyük balıklarla vakit geçiren orta boy balıklar, psikologların "yer değiştirmiş saldırganlık" diye adlandırdıkları bir davranış göstererek, hırslarını daha küçük balıklardan çıkarırlar.

Bazı dişi balıklar, diğerlerinin canına kastedecek kadar hain ve kötücül olabilirler. Dikenli balıkların üç dikenli türünün dişileri erkeklerin göz kulak oldukları yuvalardan yumurtaları çalar ve yerler. Bunu kendi hemcinslerine zarar verdiklerini bile bile ve aynı kolaylıkla yakın bir akrabaları olan siyah benekli dikenli balıkların yumurtalarını da çalabilecekleri halde yaparlar.

Dişilerin bu alçakça davranışları erkek balıklarda aşırı gerilim yaratır. Dişilerin korkusuyla yaşayan erkekler zayıflama eğilimindedir ve doğrudan saldırıya uğramasalar bile çok geçmeden ölürler. Çoğu zaman, dişinin yalnızca görüntüsü, sesi ve kokusu, erkeğin korkudan ödünün patlamasına yeter.

Ağaçkakanlar eşkıya gibi davranabilir ve hiç biri, biraz daha ufak bir diğer tür olan kırmızı armalı ağaçkakanları avlayan tepeli ağaçkakanlardan daha kötü olamaz. Kırmızı armalı ağaçkakanlar altı yılını yerin içine bir yuva kazmaya ve bu yuvayı mükemmelleştirmeye harcarlar. Ancak, tepeli ağaçkakanlar bu yuvaları keşfeder ve bir öğleden sonra yerle bir ederler.

Penguenler ırkçıdırlar. Akranları, albino penguenleri gagalar ve onlardan uzak dururlar.

# DÜNYA KADINLARIN DÜNYASI

## "Daha Zayıf" Olan Cins En Uç Anaerkil Toplumları Nasıl Yönetir?

CİNSİYETLER ARASI EŞİTLİK, en azından boyut bakımından, memelilerde olağandır. Ancak, hayvanlar âleminin, dişilerin genellikle çok daha iri olduğu türlerinde durum öyle değildir. Hayvanlar uç anaerkil toplumlarda yaşarlar.

Örneğin, battaniye ahtapotlarının dişileri erkeklerinden tam kırk bin kez daha ağırdırlar. Minicik erkek ahtapotun büyüklüğü dişisinin gözbebeğinin büyüklüğüne denktir. Bir bilim insanı, bu ahtapotların cinsel ilişkilerini, "bir serçenin bir savaş uçağıyla cinsel ilişki kurmaya çabalamasına" benzetmiştir.

Buna rağmen, en uyumsuz çift herhalde erkek ve dişi yeşil çubuk kurtlarıdır. Dişi, erkeğin iki yüz bin katı büyüklüğündedir. Bu da, tahmin edilebileceği üzere, erkeği biraz eşinin gölgesinde bırakır. Erkek bütün yaşamını, dişinin gövdesinin içinde bulunan bir bölmede oturarak ve dişinin yumurtalarını döllemek dışında hiçbir şey yapmaksızın geçirir. Bilim insanları bu bölmeye Latincede "küçük erkek odası" anlamına gelen "androecium" adını vermişlerdir.

Yabanarılarında da güç dişilerdedir. Dişilerin egemen olduğu kâğıt yabanarılarında, erkeğin tek görevi kraliçeyi döllemektir. Bu görevini yerine getirir getirmez, hazır yiyici olarak görülmeye başlanır ve defalarca sokularak ve topluluğun yiyecek stoklarına ulaşmasına izin verilmeyerek bir hücrede hapis tutulur.

Benekli sırtlanlar âleminde dişilerin mutlak egemenliği vardır. Dişiler erkeklerden büyük oldukları ve bir erkeğin, dişinin rızası olmadan üzerine çıkmasına fiziksel olarak imkân bulunmadığı için kiminle ve ne zaman çiftleşeceklerine ilişkin kararlar yalnızca dişilere aittir (Cinsel üstünlükleri, penise benzeyen ve gerçekte iri ve dikelmiş bir klitoris olan cinsel organların en tuhafına sahip oldukları gerçeğiyle de ilişkilidir). Sonuç olarak, dişi sırtlanlar, saldırgan ve kendilerini dayatan erkeklerdense uzun zamandır tanıdıkları ve daha cana yakın olan erkekleri seçerler.

Sırtlan toplulukları çok sıkı şekilde yapılandırılmış bir hiyerarşiye göre işler ve bu hiyerarşide de erkekler yine en alt basamakta yer alırlar. Hiyerarşinin en tepesinde olan sırtlanlar, örneğin, yiyeceklere ilk erişebilenlerdir. Dişiler, sahip oldukları mevkii kızlarına devrederek garanti altına alırlar.

Bilim insanları en feminist toplumu keşfettiler: Kırmızı örümceklerin tamamı dişidir. Aralarında çeşitli böceklerin, kertenkelelerin, yılanların ve balıkların da bulunduğu, tümü de döllenmemiş, kendi genlerinin kopyalarını içeren yumurtalar yaparak üreyen ve erkeğe gerek duymayan başka türler de vardır. (Memeliler arasında erkeği gereksiz kılmış olan bir tür bulunmamaktadır henüz.) Kırmızı örümcekler, yine de, diğer kendi kendine üreyen türler arasında biriciktir; çünkü diğerlerinin tersine, asla erkek yavru yapmazlar.

Sekizinci Bölüm

# Hayvanlar Pek Aptal Değiller

Neden Hayvanlar
Sizin Sandığınızdan Daha Zekidir?

NASIL OLUP DA HAYVANLARIN aptal olduğunun sanıldığı bayağı bir muammadır. Hayvanların sergilediği kurnazlık, yaratıcılık ve mantık düzey bakımından insanlarınkiyle yarışır. Hayvanlar sayı sayma, açı hesaplama, karmaşık yönleri anımsama ve şarkıları tanıma yeteneğine sahiptir. İşte hayvanların beyinlerini kullandıkları zaman elde edebildikleri şeylere ilişkin akıllara durgunluk veren örnekler.

# İKİ KERE İKİ

## Hayvanlar İki ile İkiyi Toplayabilir

PEK ÇOK HAVYAN, sayabildiğinin bir işareti olarak, az ile çok arasındaki farkı bilir. Standart bir deneyde bebeklere, birinin içinde iki, diğerinin içinde çok sayıda bisküvi bulunan kavanozlar gösterilirse, bebek çok bisküvinin olduğu kavanoza gidecektir. Benzer şekilde, maymunlar da içinde iki elma olan kavanoza değil, üç elma olan kavanoza ve semenderler de içinde üç sinek olan tüpe yönelmektedir.

Maymunların birden dokuza kadar olan nesneleri sıraya koyabildikleri kanıtlanmıştır. Bu da, maymunların temel hesaplama yeteneklerinin bulunduğuna işaret eder.

Deneylerde balarıları da sayabildiklerini kanıtlamışlardır.

Papağanların sıfır kavramını algılayabildiği gösterilmiştir. İnsan yavruları dört yaşlarına kadar bu fikri kavrayamazlar.

Toprak yabanarıları karmaşık renk bulmacalarını çözebilirler. Bir laboratuar deneyinde, araştırmacılar, bal arayan arılara, aralarından birini seçmeleri için, renk tonları farklı renkteki ışıklar altında değişen çiçekler sunmuşlardır. Arılar sınavı pekiyi ile geçmişlerdir.

Hayvanlar, eldeki bir kuşun daldaki iki kuştan evla olduğunu bilirler. Bir araştırma, sorguçlu kapuçin maymunlarının bilim insanlarının "kayıptan kaçınma" olarak adlandırdıkları bir tutum sergilediklerini ve varlık kazanmaktan çok, varlıklarını yitirmek konusunda endişe duyduklarını göstermiştir.

Kemancı yengeçler trigonometride çok iyidir. Çamur düzlüklerini oyarak yuva yapan yengeçler durmaksızın evlerini çalmaya çalışan rakiplerini gözetlerler. Olası bir hırsız dikkatlerini çektiği anda hırsız yengecin konumuna ilişkin görsel bilgileri bünyelerinde bulunan ve nesnelerle arasındaki uzaklığı koku yoluyla hesaplayabilen "odometre" tarafından sağlanan verilerle birleştirip, evlerinden ne kadar uzaklaşmış olduklarını tespit ederler. Yengeçler bu iki veriyi kullanarak davetsiz misafirlerinin kendilerine ve yuvalarına göre konumunu bir üçgene yerleştirirler. Böylece tehdidin ne kadar ciddi olduğuna karar verebilir ve uygun şekilde tavır takınabilirler.

Karıncalar asla trafik sıkışıklığı yaşamazlar. Yürüdükleri yolların dar veya geniş olmasından bağımsız bir şekilde yuvalarına hep aynı hızla yiyecek taşırlar. Farklı yönlerde hareket eden karıncaların yarattığı sıkışıklık bile onları yavaşlatmaz. Birbirlerini gruplar halinde geçmelerine ve aynı hızı korumalarına olanak veren bir sistemleri vardır.

Fok balıkları balinaların ne konuştuğunu anlayabilir. Liman fokları balinaların su altındaki konuşmalarını gizlice dinleyerek yaklaşan balina sürüsünün balık yiyicilerden mi, yoksa fok ve yunus yiyicilerden mi oluştuğunu anlayabilirler.

Fareler dilleri birbirinden ayırmayı öğrenebilir. Bir deney yapan İspanyol araştırmacılar, farelerin Japonca ile Flamancayı birbirinden ayırabildiklerini tespit etmişlerdir.

Eski bir deyişe göre, fıstıkla ödeme yapan maymun çalıştırmalıdır. Ancak kapuçin maymunları bile adil bir ücret olmadığı için buna itiraz edeceklerdir. Yapılan deneylerde, kapuçin maymunlarının yaptıkları işlere karşılık verilen ödülleri, eğer diğer maymunlara daha iyi ödüller verilmiş ise reddettikleri görülmüştür. Bu, maymunların da bir adalet anlayışı olduğuna işaret eder.

# HAVVA'YI HATIRLIYORUM

## Unutmayan Tek Hayvan Fil Değildir

KOYUNLAR YÜZLERİ hatırlamakta çok başarılıdır. Yapılan bir deney sonucunda bazı koyunların elli koyunun ve on insanın yüzlerini hatırlayabildikleri anlaşılmıştır. Hatta bu yüzleri iki yıl boyunca hatırlamaya devam etmişlerdir.

Koyunlar, insanların yüzlerindeki çeşitli ifadeler arasındaki farkı da algılayabilirler. Güleç yüzleri, kızgın olan yüzlere tercih ederler. Dişi koyunlar daha olgun erkeklerin yüzlerini tercih ederler.

Goriller, şempanzeler ve diğer kuyruksuz maymunlar aynada kendilerini tanırlar. Kuyruklu maymunlar ise aynadaki yansının canlı bir yaratık olmadığını ayırt edebilmekle birlikte kendilerin tanımazlar.

Balıklar, sanılandan çok daha iyi bir hafızaya sahiptir. Avustralya'da tatlı sularda yaşayan gökkuşağı balıkları bir kaçış yolunu keşfetmelerinin üzerinden on bir ay geçtikten sonra bile o yolu hatırlamaktaydılar. Bu balıkların en fazla iki ya da üç yıl yaşadığı dikkate alınırsa bunun insanların herhangi bir şeyi yirmi ya da otuz yıl sonra hatırlamasına benzer olduğu anlaşılır.

Ahtapotlar çok hızlı öğrenir. Bir araştırma esnasında bir grup ahtapotun önlerindeki iki toptan birini seçme pratiği yapan diğer bir grup ahtapotu seyretmeleri sağlanmıştır. Ahtapotlar toplardan birini seçtikleri takdirde ödül kazanmakta, diğerini seçmeleri halinde ise hafif bir ceza almaktaydılar. Deneyi izleyen ahtapotlardan aynı işlemi yinelemeleri istendiğinde çok az hatayla doğru topu seçmişlerdir.

Kedilerin hafızaları köpeklerinkinden güçlüdür. Michigan Üniversitesi'nde yapılan bir araştırmada köpeğin hatırlaması beş dakikadan fazla sürmezken kedinin on altı saat süreyle hatırlayabildiği sonucuna ulaşılmıştır. Bu süre maymun ve orangutanların hatırlama süresinden bile fazladır.

İskoç çoban köpekleri konuşmaları anlayabilir ve üç yaşındaki bir çocuğun yapabileceği işleri yerine getirebilirler. Riko adlı bir köpeğe, yirmi kere on oyuncak arasından iki tanesini seçmesi söylenmiş, her oyuncağa tek sözcükten oluşan bir isim verilmiştir. Rico seçmesi istenen kırk oyuncaktan otuz yedisini doğru olarak seçmiştir. Bir ay sonra aynı deney yinelendiğinde, Riko hâlâ yüzde 50 oranında doğru oyuncağı seçebilmiştir.

En zeki köpek türleri (verilen komutları beş kereden az yinelenmesi durumunda hatırlayabilme ve ilk verilen komuta yüzde 95 ya da daha yüksek oranda uyma sırasına göre) şunlardır:

1. İskoç çoban köpeği (Lessie tipi köpek)
2. Poddle
3. Alman çoban köpeği
4. Golden retriever
5. Dobermann pinscher
6. Shetland çoban köpeği
7. Labrador retriever
8. Papillon
9. Rottweiler
10. Avustralya çoban köpeği

En zekisi başta olmak üzere ve yeni komutları yüz kere tekrarlandıktan sonra hatırlayabilme yeteneğine göre sıralanmış halde, en az zeki köpek türleri de şunlardır:

1. Shih-tzu (küçük uzun tüylü bir cins Çin köpeği)
2. Basset av köpeği
3. Mistiff (Çoban köpeği)
4. Beagle (Bir cins tazı)
5. Pekines
6. Bloodhound (Koku alma hassası çok gelişmiş ve genellikle polis tarafından kayıp kişileri bulmakta kullanılan bir tazı türü)
7. Rus kurt köpeği
8. Chow-chow
9. Buldog
10. Basenji (Mısır kökenli, atletik, zarif ve küçük bir köpek türü)
11. Afgan tazısı

Küçük parazitik yabanarıları uyuşturucu ve patlayıcıları koklayarak bulmak amacıyla eğitilebilirler. Eğitilmeleri yıllar alan köpeklerin aksine arılar bu işi yarım saat içinde öğrenebilir.

Maymunlar çocuk şarkılarını hatırlayabilme yeteneği göstermişlerdir. "İyi ki doğdun" "Ali Baba'nın bir çiftliği var" "Fış fış kayıkçı" gibi şarkılar, yeniden çalındığı zaman maymunların hatırlayabildiği şarkılar arasındadır.

Çalılık alakargaları hafızalarının gücü bakımından özeldirler. Araştırmalara göre, yalnızca nerelere yiyecek sakladıklarını değil, hangi tür yiyeceği nereye sakladıklarını da hatırlıyorlar.

Filler gerçekten de unutmazlar. En azından büyükanne filler böyledir ve soylarından gelen filler bunun için onlara minnettardır. Araştırmalar göstermektedir ki, fil sürüleri yaşlı dişilerin bilgi ve deneyiminden yararlanmaktadır. Yaşlı dişi filler tehditlere karşı nasıl davranacaklarını öğretmek için sürünün daha genç üyelerine kendi deneyimlerini aktarırlar.

Bu dişiler, sürünün nerede yiyeceğine ve su içeceğine, sürünün hangi genç üyesinin grup içinde tutulup, hangisinin kovulacağına karar verirler. Büyükannesi olan ailelerin üyeleri daha az gerilim yaşar ve daha çok yavru yaparlar.

Foklar annelerini asla unutmazlar. Kürklü kuzey fokları hakkında yapılan çalışmalar, anne ve yavru fokların birbirlerinden ayrıldıktan çok sonra bile birbirlerinin çağrılarını tanıyabildiklerini göstermektedir. Memeliler için alışılmadık şekilde, foklar yolları ayrıldıktan dört yıl sonra bile birbirlerinin seslerini tanımış ve bu seslere tepki vermişlerdir.

Balarıları insan yüzlerini tanıyabilir. Yapılan bir deneyde arılar yüzde 80'i aşan oranlarda insan yüzlerini doğru şekilde birbirlerinden ayırabilmiştir.

Ve son olarak da egzersiz yapmanın zihinsel süreçleri geliştireceğine inananlar için birkaç söz: Çok fazla hareket etmek fareleri aptallaştırmaktadır. Deneyler göstermiştir ki, dönen çark içinde veya çevrede kendini zorlayarak sürekli koşan fareler daha yavaş öğreniyor.

# Tak Tak, Kapıda Ayı Var

## Hayvan Zihninin Kurnaz ve Canice İşleyişi

Ayılar kapılarını çalarak insanları kandırıp evlerine girebilir. Hırvatistan'da bir ayı aynı hile ile aynı eve üç kez girmeyi başarmıştır. Her defasında da sakince mutfağa gitmiş ve canı ne istiyorsa yemiştir.

Küçük boylu, bir tür keseli Avustralya hayvanı olan wallabiler iyiliğe iyilikle karşılık vermek gerektiğini bilirler. Avustralya'da, 1996'da, çiftçinin biri gece yarısı kulaklarını sağır edercesine kapısının vurulmasıyla uykusundan uyandırılmıştı. Kapıdaki, bir zaman önce araba çarpması yüzünden yaralanmış ve çiftçi tarafından bakılarak iyileştirilmiş olan bir wallabi idi. Hayvan, çiftçiyi evinin yanmakta olduğu konusunda uyarmaya çalışıyordu.

Minicik İspanyol olta sinekleri, daha iri erkek arıların şefkatini kazanmak için hileli bir yol kullanır: Yüzlerce minicik sinek bir araya gelerek dişi arıya benzeyen bir küme oluştururlar. Bahtsız arılar tuzağa düşer ve yeni "sevgililerini" evlerine götürürler.

Dev bambuların içine yuva yapan bir tür Malezya karıncası yükselen med dalgalarıyla baş edebilmek için çok zekice bir yöntem geliştirmiştir. Bambunun içi suyla dolduğunda karınca içebildiği kadar su içmekte ve hemen dışarı koşarak işemektedir. Yuvaya döndüğünde aynı şeye baştan başlar.

Kediler telefonda 112'yi tuşlayarak ilk yardım çağırabilir. Gary Rosheisen adındaki bir adamın evinden gelen telefon üzerine eve giden polis adamı tekerlekli sandalyesinden düşmüş ve felç geçirmiş bir halde bulmuştur. Bay Rosheisen evindeki iki alarm düğmesini de kullanamamıştır; çünkü biri yatağının başucunda, öteki de o gün takmayı unuttuğu bir kolyeye takılı bulunmaktadır. Polisler hastanın kızıl kedisini telefonun yanında yatarken bulmuşlardır.

Kuş beyinli terimi yanlıştır. Alacakargalar, karıncaları kızdırmak için kasten yuvalarının üzerine otururlar. Karıncalar, kargayı formik aside bulamak için yuvadan dışarıya çıkar. Bu ise tam da alacakarganın istediği şeydir: Formik asit doğal bir haşere ilacıdır ve alacakargayı üzerinde yaşayan pek çok parazitten kurtarır.

Kentlerde yaşayan kara leş kargaları açamadıkları yiyecekleri yol kenarlarına taşır. Sert kabuklu yemişler ve midyeler gibi açmakta zorlandıkları katı yiyecekleri yola bırakır ve yoldan geçen otomobil, otobüs veya kamyonlar tarafından ezilmelerini bekler, sonra tekrar toplarlar. Arabalar tarafından ezilme riskini en aza indirmek için de yemiş ve midye kırdırma işlemlerini yapmak için trafik ışıklarının bulunduğu yaya geçitlerini tercih ederler. Hatta yiyeceklerini koymak ve toplamak için kırmızı ışığı beklerler.

Yağmur ormanlarında yaşayan bazı kuşlar kapalı alanlarda nasıl öteceklerini bilirler. Yağmur ormanlarında ağaç yapraklarının üstte yarattığı örtü, tıpkı konser salonlarında olduğu gibi uzun notaların daha yüksek rezonans yapmasına neden olan bir akustik yaratır. Venezüella'da yaşayan ve ötüşlerinin işitildiğinden emin olmak isteyen beyaz boyunlu ardıç kuşları, diğer kuş türlerinin ötüşlerine kıyasla daha yüksek desibel düzeylerine sahip, uzatılmış notalarla öterler.

Balıkçıl kuşları uyanık ve açıkgöz balıkçılardır. Yeşil sırtlı balıkçılların nehir ve göllerin yüzeyine tohum ve çiçeklerden, tüy ve ölü sineklere kadar bir dizi yem attığı gözlenmiştir. Kuşlar yeme bir balık vuruncaya kadar hareketsiz bir şekilde beklerler.

Katil balinalar işlerinin hilelerini çabucak öğrenir. Bir sualtı parkında yaşayan bu becerikli avcılarla ilgili bir araştırma sırasında dört yaşındaki zeki bir erkek katil balinanın balıkları çiğneyip suyun yüzeyine geri tükürerek, martılara nasıl tuzak kurduğu gözlenmiştir. Martılar balığı almak üzere yaklaştıklarında balina onları ağzıyla yakalamaktaydı. Birkaç hafta içinde bu balinanın kendisinden daha küçük olan üvey kardeşi de daha önce su altı parkında görülmemiş olan bu aynı hileye başvurmaya başlamıştı. Araştırmacılar, genç balinanın bunu ancak üvey ağabeyinden öğrenmiş olabileceği kanısına varmışlardır.

Guguk kuşu hayvanlar âleminin en usta hilebazlarından biridir. Yabancıların yuvalarına yumurtlayarak, yavrularını başka kuşlara büyütür. Guguk kuşu yavruları da, ebeveynlerinin hilelerini sürdürür ve foyası meydana çıkmadan önce yuvada bulunan bütün diğer kuşları öldürürler. Hatta araştırmacılar bu sahtekâr kuşun, kanatlarında bulunan sarı benekleri -kuş yavrularının ağzını andırır şekilde- kırpıştırarak, bakıcı kuşları yavrularının hâlâ hayatta olduğuna inandırdığını ortaya çıkarmışlardır. Bu hareket ayrıca bakıcı kuşlarda beslenecek daha çok sayıda ağız bulunduğu yanılsaması yaratmakta ve daha çok yiyecek getirmelerini sağlamaktadır.

Bilim insanları, guguk kuşlarının diğer kuşları, insan gözüne farklı gibi görünen ama o kuşlara morötesi ışıkta gördükleri için kendi yumurtalarından farklı görünmeyen yumurtalar yaparak kandırdıklarını düşünüyor.

Gel gelelim, Amerikan su tavukları guguk kuşlarının hilelerini yemezler. Su tavukları da komşularının yuvalarına yumurtlarlar ve aynı şeyin kendilerine yapılmasına karşılık ihtiyatlı olduklarından karşı tedbirler geliştirmişlerdir. Yavrularının durumundan emin olmak için saymayı öğrenmişlerdir.

Balıklar kuşları kendilerini beslememeleri için kandırabilir. Bir araştırma esnasında bir turuncu balık sadece sudan başını çıkararak ağzını açmak suretiyle kardinal kuşlarının kendisini sineklerle beslemesini sağlayabileceğini öğrenmiştir. Bilim insanları, kardinal kuşunun su yüzeyinde beliren balık ağzını aç yavrularının ağzıyla karıştırdığını düşünüyor. Balık, haftalarca bu şekilde yiyecek sağlamıştır.

Erkek böcekler, dişileri sahte hediyelerle kandırır. Erkek böceklerin, dişilerine yiyecek, bir parça tükürük veya kurumuş bir böcek parçası vermeleri olağandır. Dişi bunları genellikle çiftleşme sırasında yer. Ancak, bilim insanları, bazı erkek böceklerin, tohum gibi güzel görünen ancak hiçbir işe yaramayan hediyeler de verdiklerini ortaya çıkarmıştır. Dişiler buna rağmen bu hediyeleri kabul eder ve erkeklerle çiftleşirler.

Orangutanlar hapishaneden kaçabilir. Ünlü bir vakada iki maymun işbirliği yaparak Londra Hayvanat Bahçesi'nden kaçmışlardır. İkisi birlikte çalışarak hayvanat bahçesinin maymun bölmesinin tellerini açmak için kullanmak amacıyla manivela gibi bir alet uydurmuşlardır. İki kaçak maymun yakalanmış, ancak aralarından biri olaydan kısa süre sonra kaçışı tekrarlamıştır. Bu kez kafesini koruyan cama bir çiçek saksısı fırlatarak camı kırmış ve kaçmıştır.

Kaplumbağalar, solucanları yerden yüzeye çıkarmak için step dansı yaparlar. Pensilvanya'da yaşayan orman kaplumbağaları ön ayaklarını sırayla kullanarak, önce birini, sonra diğerini yere ritmik olarak vururken görülmüşlerdir. Saniyede bir vuruş şeklindeki bu dans düzenli olarak solucanları yüzeye çekmiştir. Yüzeyde belirdikleri an kaplumbağa solucanları hemen kapmıştır. Araştırmalar süresince, kaplumbağalar saatte ortalama 2,4 solucanı başarıyla kandırmıştır. En başarılı step dansçısı ise sadece sekiz dakika içinde yedi tane solucan yakalamayı başarmıştır.

Leoparlar, aslan ya da sırtlanlar tarafından çalınması tehlikesine karşı leşlerini ağaçların yüksek yerlerinde depolarlar.

Ölümcül ateş karıncasının ısırığı öylesine kötüdür ki, pek çok yaratığı öldürür. Bununla birlikte, Brezilya'nın Orasema yabanarıları ateş karıncalarının kokusunu o kadar iyi taklit ederler ki, saldırıya uğramaksızın yuvalarına sokulabilirler. Yuvaya girince de karıncaların larvalarını yerler.

Madagaskar'da yaşayan bir lemur türü olan aye-ayelerin yiyecek bulmak için kullandıkları benzersiz bir yöntemleri vardır. Aye-ayeler yeraltında ve esas olarak ağaç köklerinin içinde yaşayan bir tür kurtçukla beslenir. Aye-ayelerin duyuları öylesine hassastır ki, ağacın gövdesine vurarak yalnızca boşlukların yerlerini değil, içlerinin dolu mu yoksa boş mu olduklarını bile tespit edebilirler.

Bir tür Avustralya örümceği avını cezp etmek için ağının üzerini kokulu bir yemle kaplar. Çürümekte olan bitkilerin yaydığı nefis koku hiç şüpheye kapılmayan böcekleri tuzağa çeker.

Suç sicilleri hayli kabarık çalılık alacakargaları kendilerinin diğer kuşlara yaptıklarının aynısıyla karşılaşmak endişesiyle yiyecek depolarını büyük bir dikkatle saklarlar.

Bazı yabanarıları karınca yuvalarına erişmek için zekice bir yöntem kullanır. Yabanarıları, karıncaların birbiriyle kavgaya tutuşmasına neden olan bir kimyasal madde kokteyli salgılayabilir. Kitlesel arbede devam ederken yabanarısı da gizlice yuvaya sokulur ve kendine güzel bir ziyafet çeker.

Karakargalar yanlış yönlendirmede pek mahirdir. Bu kuşlar yiyecek konusunda çok rekabetçidir. Karakargaların başka kuşları belli bir yerde yiyecek olduğuna inandıracak şekilde davrandıkları ve diğer kuşlar burada boş yere yiyecek araya dururken, gizlice sıvışarak yiyeceğin gerçekten bulunduğu yere gittikleri gözlenmiştir.

Zeki maymunlar en sinsileridir. Akranlarını kandırma olasılığı en fazla olan hayvanlar gövde büyüklüklerine kıyasla beyinlerindeki neokorteks alanı en geniş olan goril, şempanze, bonobo, orangutan ve makak maymunlarıdır. En güvenilir olanlar ise Afrika'da yaşayan ve lemura benzeyen çalı bebekleri ve lemurlardır.

Dokuzuncu Bölüm

# Temel İçgüdüler

## Olağanüstü Hayvan Yetileri

HAYVANLAR, CIA'yı kıskandıracak çeşitli ileri teknoloji ürünü aygıtlarla donanmışlardır. Hayvanlar görmek, işitmek, duymak, koku almak, tat almak ve yollarını bulmak için tetikli antenler ve sualtı radarlarından, stereofonik koku dedektörlerine ve dönen kulaklara kadar her şeyi kullanırlar. Bazı hayvan türleri en azından bize altıncı his gibi görünen bir yetiye sahiptir. Bazı sıra dışı hayvanlar depremleri fark edebilir ve kanserin kokusunu alabilir; karanlıkta renkleri görebilir ve hastalıkları tedavi edebilirler.

# Bütün Kötülüklerden Haberdar Ol

## *Hayvanlar Nasıl Görür, Koklar, İşitir ve Seslere Göre Yer Belirler?*

Bukalemunların birbirinden bağımsız hareket edebilen ve bu sayede aynı anda iki farklı yöne bakmasına olanak sağlayan gözleri vardır. Denizatlarının da benzeri bir yeteneği vardır. Güvercinler başlarına yanlamasına ilişmiş gözlere sahiptir ve bu gözlerin 340 derecelik bir görüş açısı vardır. Bu da, güvercinlerin başlarının arkası hariç her yeri görebildikleri anlamına gelir.

Avcı kuşlar belki de hayvanlar âleminde en çarpıcı görüşe sahiptirler. Şahinler 4500 metre yükseklikte uçarken bile yerdeki kemirgenleri fark edebilir. İnsanların görüşü 20/20 iken atmacalar 20/5 görüşe sahiptirler. Bu da bizim bir buçuk metre uzaktan görebildiğimiz ayrıntıları atmacaların altı metreden görebildiği anlamına gelir.

Köpekler 900 metre uzaktan hareket halindeki nesneleri fark edebilirler. Durağan nesneleri ise 585 metre uzaklıktan görebilirler.

Örümceklerin görüşü türden türe değişir. Çoğu örümceğin sekiz adet gözü olmasına karşın bazı türlerde göz sayısı bir düzineye ulaşır. Bazılarında ise göz tümden yoktur. En çok sayıda gözü olanlar bile ancak aydınlık ve karanlığı birbirinden ayırabilirler.

Kutu denizanalarının yirmi dört tane gözleri ve dört tane beyinleri vardır. Ayrıca altmışar tane anüse sahiptirler.

Devekuşunun gözü beyninden daha büyüktür.

Ahtapotların beyinleri bacaklarındadır; araştırmalar göstermiştir ki, ahtapotlar bazı düşünme süreçlerini merkezi beyinlerinden tentaküllerinde bulunan zeki sinirlere aktarabilmektedir.

Karasinekler, insanların dillerinden on milyon kez daha duyarlı olan ayaklarıyla tat alırlar.

Zürafaların dilleri oldukça esnektir ve çok değişik görevleri yerine getirebilir. Başka pek çok şeyin yanı sıra zürafalar dilleriyle kulaklarının içini temizleyebilir.

Meyve sinekleri dilleriyle solur ve vücutlarına oksijen pompalarlar.

Karıncalar dizleriyle duyar. Yuvalarında ya da yer yüzeyindeki tümsekte bulundukları zaman titreşimleri dizleriyle hissederler.

Kosta Rika'da yaşayan ve ender bulunan bir canlı olan altın kurbağanın kulakları yoktur. Bunun yerine, kurbağa vraklamasıyla aynı frekanslara ayarlı olan derisi aracılığıyla duyar.

Kedilerin, sesleri tanımlayabilmek amacıyla hızla döndürebildikleri kulakları vardır ve bu kulaklar öylesine iyi ayarlanmıştır ki, frekansları 64 bin hertze kadar olan sesleri duyabilir. (İnsan kulağı frekansı 23 bin hertze kadar olan sesleri duyar.) Bu da, kemirgenlerin çıkardığı ses ötesi (ultrason) sesleri de duyabildikleri anlamına gelir. İşte bu yüzden kediler, bir farenin yaklaştığını gerçekte görmedikleri halde yerini belirleyip saldırabilirler.

Kediler 10 oktav aralıktaki sesleri duyabilir. Oysa insanlar yalnızca 8,5 oktavı duyabilirler.

Köpekler, döner kulaklarını radar çanakları gibi kullanarak saniyenin 6/100'sı kadar bir zamanda, bir sesin kaynağının yerini belirleyebilir. Bir insanın ancak yirmi üç metre uzaktayken duyabileceği sesleri köpekler 230 metre uzaktan duyabilir. Ayrıca frekansı 45 bin hertze kadar olan sesleri de duyarlar.

Meyve sinekleri aynı zamanda burun işlevi gören, dönebilen kulaklara sahiptir. Zebralar da vücutlarını döndürmeksizin kulaklarını döndürerek sesleri algılayabilir.

Gekko denilen gececi tropikal kertenkeleler ve gece kelebekleri karanlıkta renkleri görebilirler.

Uçan memeli olan yarasalar "Yarasa kadar kör" deyimini yalanlarcasına, bir dizi benzersiz duyusal aygıtla donanmıştır.

Yarasalar, yollarını bulabilmek için "eko-lokasyon" adı verilen ve yollarında bulunan başka canlı ya da nesnelerin yerini yolladıkları ses dalgaları sayesinde belirleyebildikleri bir sistem kullanırlar. Yarasalar sinek ve benzeri avların yerini daha beş buçuk metre ötedeyken belirlemekle kalmaz; ayrıca ne tür bir yaratık olduğunu da anlarlar. Burun yapraklarını kullanarak da, on altı cm. ötedeki bir hayvanın sıcaklığını hissedebilirler.

Yunus balıkları da eko-lokasyon sistemini kullanır.

Kedi balıkları geceleri görebilir. Yedikleri lebistes ve benzeri balıkların izlerini zifiri karanlık sularda arkalarında bıraktıkları kimyasal izler sayesinde sürebilirler.

Kuşlar, nesnelere tek gözleriyle bakarlar; bunu muhtemelen sağ ve sol gözlerini farklı işlevler için kullandıklarından yaparlar. Sol göz renkleri algılamaya daha uygunken sağ göz hareketleri algılamaya daha duyarlıdır.

Kertenkeleler başlarının üzerinde bulunan üçüncü gözlerini kullanarak yön bulur.

Köpekbalıkları, su altındaki en sönük ışık kaynaklarını bile fark edebilirler. İnsan gözünün fark edebileceği en sönük ışıktan on kat daha sönük ışık kaynaklarını algılayabilirler.

Köpekbalıklarının ayrıca fevkalade bir koku alma duyuları vardır. Beyaz başlı bir köpekbalığı daha önce içerisinde yaralı bir başka balığın tutulduğu ve henüz boşaltılmış bir tanka konulduğunda yaralı balığın her bir hareketini, aynı zig-zaglı yolları kullanarak tekrarlamıştır.

Yaralanmış bir balığın en hafif kokusu bile köpekbalıklarını bir beslenme çılgınlığına sürükler. Eğer av hâlâ yaşıyorsa; av ne kadar endişe sergilerse köpekbalığı o kadar heyecanlanır.

Sıçanların koku duygusu çift kanallıdır. Koku alabilmek için her iki burun deliği birbirlerinden bağımsız olarak çalışabilir. Daha sonra beyinlerine rapor verirler ve beyin de ne duyduklarını belirler. Bu özellikleri onları iyi bir avcı yaptığı kadar iyi bir av da yapar.

İnsanlar ve fareler de dahil olmak üzere, çoğu memelide yaşın ilerlemesiyle kulakların içindeki kıllar dökülür ve bu da sağırlığa yol açar. Yarasalar bu konudaki tek istisnadır. Yarasalar kulaklarının içindeki hücreleri yenileyebilir ve yeni kıllar çıkarabilir.

Bir köpeğin koku alma duyusu insanınkinden yüz bin kere daha iyidir. Deneylerdc, köpekler kimyasal eriyiklerin içinde trilyonda bir veya iki oranında bulanan maddeleri tespit edebilmişlerdir. Bu, iki milyar varilin içinde bulunan tek bir çürük elmayı koklayarak tespit etmeye eşdeğerdir.

Pamuk yaprağı kurdu (*Spodoptera littoralis*) hayvanlar âlemindeki en yüksek koku duyarlılığına sahip hayvan olabilir. Dişisine ait seks feromonları on mililitre hava içerisinde yalnızca beş molekül mertebesinde bile bulunsa bu kurtçuk kokuyu alabilir. Bunu keşfeden İsveçli araştırmacı, bu durumu, insanın bir tane kesmeşeker atılmış bir gölden bir yudum alarak hemen kesmeşeker atıldığını fark edebilmesine benzetmiştir.

Timsahlar su içindeki olası avlarını belirlemek için normal duyularına güvenmezler. Bu sürüngenler ataları olan dinozorlardan miras kalmış karmaşık bir duyu sistemi ile donanmışlardır. Sensorları ya da alıcıları Amerikan timsahlarında çene kemiklerinin çevresine noktalar halinde dizili, diğer timsahların ise yüz ve derilerine dağılmış haldedir. Bu alıcılar öylesine duyarlıdır ki, metrelerce ötede su içen bir geyiği algılayabilir.

Cırcırböceklerinin hissettirmeden yaklaşmaya çalışan avcılara karşı kendilerini uyarabilen aşırı duyarlı kılları vardır. Cerci denilen bu kıllar öylesine duyarlıdır ki, bir yabanarısının kanadının yahut bir kurbağanın dilinin hava akımında yaratacağı en ufacık bir değişimi hissedebilir.

Kedilerin bıyıkları ya da -bilimsel adıyla vibrissae- hayvanlar âleminin en gelişkin radar aygıtları arasındadır. Bu ultra-duyarlı aygıtlar yoklayıcı işlevi görerek, kediye bir boşluğun içine sığabileceği kadar büyük olup olmadığını anlama olanağı verir. Ayrıca bir avın hareketlerini belirlemeye yarar. Bu bıyıklar kedilerde yüzün yanı sıra bacakların ön kısımlarında da bulunur.

Eğer bir yarasanın kanatlarını tıraş ederseniz karanlıkta güvenle uçma ve yön bulma yetisini yitirecektir. Yarasalar kanatlarının alt kısımlarında bulunan kıl benzeri hava burgaçlarını fark etmelerini sağlayan dokunma almaçlarıyla donanmışlardır. Bir araştırmacı, bu tüyleri bir tüy dökücü krem kullanarak tıraş etmiş ve sonra olacakları gözlemlemeye başlamıştır. Gine domuz yarasalarının, yollarındaki bir nesneden kaçınmak için 90 derecelik bir açıyla dönüş yapmaları gerektiğinde bulundukları yüksekliği koruyamadıkları görülmüştür. Bazı yarasalar ise tavana çarpmışlardır. Ancak tüyleri tekrar çıktıktan sonra güvenle uçabilmişlerdir.

Nefes almak bazı böcekler için tehlikeli olabilir. Kelebekler ve karıncalar öylesine kırılgan gövdelere sahiptir ki, sürekli nefes alacak olsalar vücutlarında birikecek oksijen öldürücü olabilir. Bu nedenle, dinlenme halinde iken alacakları oksijen miktarını kontrol etmek için nefeslerini ayarlarlar.

# SOLAKLAR

## *Bazı Hayvanlar Solaktır*

DİŞİ ATLAR İLKİN SAĞ, erkek atlar ise sol ayaklarını atarlar. İrlanda'da, eğitilmemiş atlar üzerinde yapılan bir araştırmada atların yürürken ilkin hangi ayaklarını öne attıkları, bir engelden kaçınmak için ne yana döndükleri ve saman yataklarında uzandıklarında hangi yanları üzerine yattıkları gözlemlenmiştir. Şaşılacak bir şekilde, dişilerin genellikle sağ yanı, erkeklerin ise sol yanı tercih ettikleri ortaya çıkmıştır. Her on attan yalnızca biri hem sağ hem solu değişimli olarak kullanmıştır.

İpek maymunları (marmosetler) büyük olasılıkla solaktır. Kargaların ve kambur balinaların çoğu sağlaktır. (Çoğu balinanın yüzgeçlerinin ucunda beşer parmağı bulunur.)

Deniz aygırları sağ yüzgeçlidir. Grönland'da yapılan ve deniz aygırlarının yüzgeçleriyle kazarak midye bulma çabalarının izlendiği bir araştırmada deniz aygırlarının yüzde 89 oranında sağ yüzgeçlerini kullandıkları izlenmiştir.

Sağ taraflarındaki bıyıkları kullanarak yem arayan sıçanlar sol taraflarını kullananlara göre daha başarılı sonuçlar alır.

Her on şempanze ya da gorilden sekizi yavrularını sol taraflarına bastırarak kucaklar ve bu oran insanlarda da aynıdır.

Zehirli dev kara kurbağalarının sol taraflarında bulunan hayvanlara saldırma olasılığı sağ taraflarında bulunan hayvanlara saldırma olasılığından daha güçlüdür.

Batı tercihe şayandır, en azından karıncayiyenler için. Karıncayiyenler, termitlerin yuvalarında toplandığı akşam saatlerinde yiyecek avına çıkarlar. Termitler kendi ısılarını üretemediklerinden batan güneşin ısısından yararlanmak için yuvanın batı tarafında toplanırlar. Her iki karıncayiyenden biri, karınca yuvalarına rastgele bir yönden değil, ilkin batı kanadından saldırır.

# Hayvan Doktorlar

## *Bazı Hayvanlar Kendilerini ve Başka Hayvanları Nasıl İyileştirir?*

Bilim insanları hayvanların kendilerini tıbbî olarak iyileştirebildikleri sonucuna varmışlardır. Örneğin, Doğu Afrika'da yaşayan hamile filler doğum yapmaya hazır hale gelince, özel bir yolculuğa çıkarak "boraginacea" denilen küçük bir ağacı yemeye giderler. Bir araştırmada, hamileliğinin son demlerindeki bir filin, fillerin olağan yaşama alanlarında bulunmayan bu ağacı bulmak ve yemek için yirmi sekiz km. yol yürüdüğü gözlemlenmiştir. Hamile fil daha sonra evine dönmüş ve birkaç gün içinde doğum yapmıştır. Doğum sancılarını başlatmak için yörede yaşayan kadınlar da aynı yöntemi kullanmaktadır.

Şempanzeler, çok kötü mide hastalıklarını tedavi ederken gözlemlenmiştir. İshal ve genel bir kırgınlık geçirmekte olan bir şempanzenin küçük bir ağaca yönelerek bir parçasını kopardığı görülmüştür. Şempanze daha sonra ağacın gövdesinden kopardığı parçayı yarım saat süreyle çiğnemiş ve kalan lifleri tükürmüştür. Yirmi dört saat içinde tamamen iyileştiği görülmüştür.

Brezilya maymunları doğum kontrol ilaçlarının kendilerine özgü çeşidini kullanırlar. Dişi muriki maymunları bir bitkinin, isoflavinoid denilen ve östrojene eşdeğer bir kimyasal madde içeren yapraklarını yerler. Bilim insanları bunu üreme yeteneklerini sınırlamak amacıyla yaptıkları kanısındadır. Gebeliğe hazır olduklarında ise hamilelik hormonu stigmasterol içeren başka bir yaprak çiğnemeye başlarlar.

Hayvanların çoğu bitkisel ilaçlar alır.

Yaban domuzları ve Hint filleri parazitik solucanları kontrol altında tutmak için bir bitkinin köklerini yerler. Ayılar, *Ligusticum* ailesinden bir bitkiyi yerler. Bitkiyi çiğner ve tükürükle karışık bir macun halindeki lifleri tükürürler. Daha sonra sistemli bir şekilde bu macunu pençelerine ve derilerine sürerler. Bu losyonun sinek ve parazit kovucu olduğu sanılmaktadır.

Karıncalar, topluluklarındaki hastalıkları kontrol altına almak için antibiyotik üretirler.

Şempanzeler belli bitkilerin yaprakların yiyerek hastalıklardan korunurlar. Bu bitkilerin yapraklarını deneyen insanlar, reçete edilen ilaçlarla aynı farmakolojik özelliklere sahip olduklarını anlamışlardır. Bilim insanları, bitki çiğneme işinin, maymunlar dünyasında başka amaçları da olduğuna inanmaktadır. Uluyan maymunların dişileri, bazı bitkileri yavrularının cinsiyetini etkilemek için kullanırken, bazı maymunlar da keyif verici olarak kullanmaktadır.

Serçeler hastalıklardan kendilerini nasıl koruyacakların bilir. Hindistan'ın Kalküta şehrinde bir sıtma salgını çıktığında serçeler yuvalarını krişnaçura ağacının yapraklarıyla kaplamaya başlamıştır. Daha sonra da sıtma parazitini öldüren kinin maddesi içeren bu yaprakları yemişlerdir.

Görünüşe bakılırsa köpekler kanserin kokusunu alabilirler. Berkeley'deki Kaliforniya Üniversitesi'nde yapılan klinik incelemeler köpeklerin sırf hastaların nefeslerinden alınmış örnekleri koklayarak yüzde 88 ila 97 arasında değişen oranda doğrulukla, akciğer, meme ve diğer kanser türlerini belirleyebildiğini göstermektedir. Hastanelerde kullanılan milyonlarca dolar değerindeki tarayıcıların doğruluk oranı ise yüzde 85 ila 90 arasındadır.

Köpekler, ayrıca, kalp sorunları olan, kalp krizi geçirmelerine ramak kalmış insanları uyarmak üzere de eğitilebilmektedir.

Bazı köpekler bir çocuğun sara nöbeti geçirmek üzere olduğunu tahmin edebilmektedir. Kanada'da yapılan bir çalışma, sara hastalığına eğilimli çocuklarla yaşayan köpeklerin nöbetlerin yaklaştığı sıralarda sıra dışı davranışlar gösterdiğini ortaya çıkarmıştır.

Bazı köpekler çocukların yüzlerini yalayabilir veya korumacı davranabilirler. Köpeğin biri, bir kız çocuğunu nöbet geçirmeden hemen önce merdivenlerden uzaklaştırmıştır. Köpeklerin uyarıları sara nöbetinin ilk belirtilerinin görülmeye başlamasından beş saat kadar önce gelebilmektedir.

Çok sayıda bilimsel araştırma, kedi ya da köpek beslemenin gerilimi ve kan basıncı düzeyini kayda değer ölçülerde azalttığını ortaya çıkarmıştır.

Eşeklerin diğer hayvanlar üzerinde yatıştırıcı etkisi vardır. Doğaları gereği edilgen olan eşekler gerilimli ya da yaraları iyileşmekte olan başka hayvanları sakinleştirir. Eşekler, ayrıca, her zaman zihinsel ya da fiziksel engelleri olan insanlara eşlik etmek için kullanılmıştır. Hiç kimse eşeklerin diğer türler üzerinde nasıl böyle bir etki yaptığını tatmin edici bir şekilde açıklayabilmiş değildir.

Günümüzde doktorlar larvaların uzman "mikro cerrahlar" olarak kullanıldığı en eski yöntemlere geri dönmektedir. Larvaların, özellikle et sineği gibi sineklerin larvalarının ayak ve bacak ülseri, yanıklar ve ameliyat sonrası yaralar gibi insan dokularını iyileştirme yetenekleri vardır. Her bir santimetrekareye beş ila on larva yerleştirilerek, sargı beziyle sarılmakta ve 48 ila 72 saat arasında beklenmektedir. Bu süre içinde larvalar salgıladıkları sindirim sıvılarıyla ölü dokuları çözmekte, sıvalaşan dokuları ve var olan bütün bakterileri yemektedirler. Larvalar, bu süre sonunda olağan boyutlarının beş katı büyüklüğe ulaşmaktadır.

Hayvanları âleminin en öldürücü bazı türleri aynı zamanda insanları tedavi etme yeteneğine de sahip olabilmektedir. Tropikal koni kabuklu salyangozların güçlü zehrinin kanserden saraya kadar pek çok hastalığı tedavi etme ihtimali bulunmaktadır. Bazı yılan zehirlerinin de tedavi edici özelliklerinin bulunduğuna inanılmaktadır. Örneğin, yüksek tansiyon ve diğer kalp-damar rahatsızlıklarını tedavi etmek amacıyla kullanılan ACE inhibitörü yeni bir ilaç türü, Brezilya'da yaşayan bir tür yılanın zehrinden geliştirilmiştir. Başka yılan zehirleri de kanserli tümörlerin büyümesine engel olmak üzere kullanılabilecek gibi görülmektedir.

Ekvator'da yaşayan bir kurbağa türünün derisinden elde edilen bir ağrı kesici morfinden iki yüz kere daha kuvvetlidir.

# DOĞAÜSTÜ GÜÇLER

## Hayvanlar Altıncı Hislerini Nasıl Kullanır?

HAYVANLARIN DEPREMLERİ önceden kestirebildikleri bilim insanları tarafından da bir ölçüde kabul edilmektedir. ABD'de yapılan bir araştırmada 1977 Kaliforniya depreminden etkilenen her elli evden on yedisinin sakinleri hayvanlarının tuhaf davranışlar gösterdiklerini bildirmiştir. Bu davranışlar arasında bir atın ahırdaki bölmesinin duvarlarını tekmelemesi, bir kedinin sürekli yürümesi ve olağan uyku saatinde yattığı uykuda sürekli kımıldanarak huzursuzluk göstermesi ve olağan olarak çok sakin olan bir köpeğin ağlayıp inlemesi gibi şeyler kaydedilmiştir. Ayrıca, Mojave Çölü'nde yapılan bir araştırma, insanlar tarafından fark edilemeyen ancak sismometrelerin kaydedebildiği artçı sarsıntılar sırasında köpeklerin havladığını ortaya çıkarmıştır.

Bazı hayvanlar depremlerden önce sarhoş olmuş gibi tuhaf davranışlar gösterir. Çin'in Haicheng şehrini 1975 yılında yerle bir eden feci depremden önceki haftalar boyunca insanlar yerlerinde donakalmış, sersemlemiş görünüşlü sıçan ve yılanlar gördüklerini bildirmiştir. Depremin hemen öncesindeki günlerde ise hayvanlar giderek artan bir şekilde huzursuzlaşmış; inekler ve atlar yerlerinde duramaz olmuş, tavuklar kümeslerde kalmak istememiş ve ördekler normalden çok daha fazla uçmaya başlamıştır.

Hayvanların yerin titreşimlerini algılamakta insanlara göre çok daha hassas oldukları Asya'yı vuran 26 Aralık

2004 tsunamisinde iyice ortaya çıkmıştır. Tanıklar, dalgalar karayı vurmadan önce fillerin çığlıklar attığını ve yüksek yerlere doğru kaçıştıklarını, flamingoların kıyılardaki üreme alanlarını terk ettiklerini, kafeslerde tutulan hayvanat bahçesi hayvanlarının dışarı çıkmayı kabul etmediklerini, evlerde beslenen köpeklerin deniz kenarındaki günlük olağan yürüyüşlerine çıkmayı reddettiklerini aktarmıştır. Tsunamide insan kaybı felaket boyutlarında olmasına karşın pek az hayvan telef olmuştur.

Köpekbalıkları fırtınanın ne zaman patlayacağını söyleyebilirler. Örneğin, tropikal fırtına Gabrielle'in Florida'yı vurduğu 2001 yılında, biyologlar tarafından bütün üyelerine birer radyo vericisi takılmış ve bu yolla izlenmekte olan bir siyah yüzgeçli köpekbalığı grubunun olağan yaşama alanını terk ettiği ve yüzerek daha derinlere indiği tespit edilmiştir. Benzer şekilde Charley kasırgası koptuğunda radyo vericileriyle izlenmekte olan bir başka grup köpekbalığı da derin sulara inmiştir. Deniz biyologları, köpekbalıklarının kasırga yaklaştığında ortaya çıkan atmosfer basıncındaki düşüşleri hissedebildiğini düşünüyor. Hava basıncındaki düşüş su basıncında da benzeri bir düşüş yaratmaktadır.

Köpekler, havan topları ve ağır silahların ateşleneceğini hissedebilir. Saraybosna kuşatması sırasında pek çok köpeğin ateş başlamadan hemen önce tuhaf davrandıkları gözlemlenmiştir. Köpeklerin yüzde 57'si başlarını masa veya benzeri bir mobilyanın altına sokmuş; yüzde 35'i ise bütün vücuduyla bir masa veya yatağın altına girerek kıvrılmıştır. Köpeklerin yüzde 14'ü sahiplerinin kucağına atlamış, yüzde 21'i ise inleyip ağlayarak ateşin başlayacağı konusunda uyarıda bulunmaya çalışmıştır. En merak uyandıran davranış ise ateş başlamadan hemen önce sahipleriyle dışarıda yürümekte olan köpeklerle ilgilidir. Bu köpeklerin yüzde 72'si açıkça sahiplerini başka yerlere sürüklemişlerdir. Araştırmaya göre, çoğu durumda köpekler sahiplerini atış menzilinin dışına çıkarmayı başarmıştır.

Hayvanlar havada asılı durabilir. Güçlü bir elektromanyetik alana konulduğunda kurbağalardan boz ayı yavrularına kadar bir dizi hayvan havada asılı durmuşlardır.

Onuncu Bölüm

# Hareket Etme

Hayvanlar A'dan B'ye Nasıl Gider?

BAZILARI SÜRÜNÜR, bazıları uçar, bazıları zıplar ve bazıları da düpedüz otostop yapar: Bütün hayvanlar hareket etmek zorundadır ancak bazıları diğerlerine kıyasla çok daha iyi ve maceracı gezginlerdir.

Doğanın en büyük kâşifleri, pusulaların ve GPS sistemlerinin kendilerine özgü eşdeğerleriyle donanmışlardır ve dünyanın çevresini görünür bir kolaylıkla dolaşırlar. Öte yandan, hayvanlar âleminin daha az atletik yaratıkları bir ayaklarını diğerinin önüne zorlukla koyabilirler.

# Şiirsel Devinim

## Doğanın En Hareketli Yaratıkları

KANGURU DOĞAL ÂLEMDEKİ en hızlı ve verimli çalışan koşma makinelerinden biridir. Tüm gücüyle ve saatte otuz iki km. hızla koşarken bir adımı altı metreden fazla olabilir. Üstelik ne kadar hızlı sıçrarsa o kadar az enerji harcar. Bilim insanları kuyruğu ve bacakları uyum içinde işleyen kangurunun "pogo stick"in* çalışma mekanizmasına benzeyen bir sistemi ve randımanlı bir enerji kullanımı olduğunu düşünüyor.

Bu arada kanguru hareket etmeyi bıraktığı anda terlemesi de duran yegâne memeli hayvandır. Hareket etmeyi bıraktığı anda hızla, dakikada üç yüz kez nefes alarak, aşırı ısınmış gövdesinin çok fazla su yitirmeksizin serinlemesini sağlar.

Yunuslar doğadaki en yetkin ve usta yüzücüler arasında yer alır. Suyun içinde bir buçuk ila üç metre derinlikte ve saatte otuz iki kilometre hızla yüzebilirler. Su yüzeyine yaklaştıklarında havada zıplarlar. Atlamaları eğlence olsun diye değil, enerji tasarrufu yapmak içindir. Gövdelerinin yüzerken dalga yarattığı su ortamına kıyasla havada hareket etmek daha kolaydır. "Akrobat yunus" denilen türü bu işi bir adım daha ileri götürmüştür: Sudan kurulmuş bir zemberek gibi fırlar ve havada yedi burgu yaptıktan sonra suya yeniden girer. Yunuslar sörf de yapabilir; teknelerin ucunda, bu-

* T şeklinde bir tutamağı ve ayak koyacak yerleri olan yaylı zıplama sırığı-ç.n.

run dalgalarını kullanarak ve hiç enerji harcamaksızın ya da gövdelerini hareket ettirmeksizin yüzebilirler.

Kaydedilmiş en derin dalışı 640 metre ile kösele kabuklu kaplumbağa yapmıştır. Bu kaplumbağa türünün daha da derine, bir kilometreye kadar inebileceğine inanılmaktadır.

İmparator penguenleri 457 metre derine dalabilir ve nefeslerini 22 dakika süreyle tutabilirler.

Dünyanın en iri kemirgeni olan capybara -Güney Amerika'ya özgü, kısmen karada, kısmen suda yaşayan, hind domuzuna benzeyen bir kemirgen- bir diğer yetenekli dalgıçtır. Su altında altı dakikayı aşan süre kalabilir.

Mürekkepbalıkları ve ahtapotlar jet motorlarıyla donanmışlardır. Gövdelerindeki bir açıklıktan suyu içlerine çeker ve huni benzeri bir organdan geriye doğru hızla püskürterek kendilerini ileri fırlatırlar. Huni, farklı yönlere hareket etmelerine olanak sağlayacak şekilde hareket ettirilebilir.

Orta Amerika'da yaşayan bir kertenkele türü olan *Basiliscus plumifrons* benzersiz bir yeteneğe sahiptir. Tehdit edildiğinde, arka ayaklarıyla durgun su üzerinde saniyede iki metre hızla koşabilir. Kertenkele bunu ayaklarının altında hava cepleri oluşturarak başarır. Bu yeteneği ona tahmin edilebilecek bir lakap kazandırmıştır: Kutsal İsa kertenkelesi.

Salyangoz ve kabuksuz sümüklüböcekler hareket ettikçe altlarında koruyucu bir halı oluşturan, renksiz ve yapışkan bir mukoza üretirler. Bu akıntı öylesine etkilidir ki, bu hayvanların en sarp ve bıçak kadar keskin yüzeylerde bile sürünebilmesine olanak verir. Salyangozların izi kesikli, kabuksuz sümüklüböceklerinin izleri ise süreklidir.

Geko denilen kertenkeleler, doğal âlemin en yapışkan yaratıklarıdır. Bir geko, parlatılmış bir cam duvarda saniyede bir metre hızla hareket edebilir ve tek bir parmağıyla duvara yapışarak, bütün vücut ağırlığını taşıyabilir. Bunu yapabilmesini, ayaklarının altında bulunan ve "spatulae" denilen minicik yapışkan pedlere borçludur. Bu pedler birçok hayvanda bulunmasına karşın hiç birinde sayıları geko kadar çok değildir. Sineklerde binlerce spatulae vardır; gekolarda ise milyonlarca.

Büyük planör denilen ve Avustralya'da yaşayan bir tür keseli hayvan belki de hayvanlar arasında en yüksek düzeyde gelişmiş duyulara sahiptir. Stereoskobik görüşü ve streofonik işitmesi sayesinde yüz metreyi aşan mesafeleri paraşütle atlarcasına kat edebilir ve sonunda en ince dallara konmayı başarır. Üstelik bütün bunları gece vakti yapabilir.

Havada uçan hayvanların en sıra dışı olanı muhtemelen uçan yılanlardır. Uçabilen diğer bütün yaratıkların, uçan sincaplar da dahil olmak üzere, şu ya da bu türlü simetrik kanatlar kullanmalarına karşılık, Güneydoğu Asya'da yaşayan cennet ağacı yılanının kendine özgü ve benzersiz bir aerodinamik yöntemi vardır. Bu bölgedeki üç uçan yılandan biri olan bu yılan ağaçların tepesine doğru uçarken, gövdesini yassılaştırır ve etkin bir şekilde havada kayar.

Kuşların uçarken görüldüğü en büyük yükseklik 11 bin metredir. Bu, bir yolcu uçağının ortalama uçuş yüksekliğinden 600 metre daha fazladır.

Kamçıburunlu fener balığı benzersiz bir yaratıktır. Sırtüstü yatar durumda yüzerken filme çekilmiş tek balık türüdür. Bu pozu, okyanusun derinliklerini av bulmak için tararken alır.

Elektrik balıkları geriye doğru da ileriye doğru olduğu kadar kolaylıkla yüzebilirler.

Sinekkuşları ise geriye doğru da uçabilen yegâne kuş türüdür.

Helikopter böcekleri saatte 56 km hız yapabilen, bilinen en hızlı böcek türüdür. Atmaca kelebekleri saatte 54,2 km hızla ikinci sırada yer alırlar.

ABD'deki Smithsonian Ulusal Zooloji Parkı kayıtlarını göre, doğadaki en hızlı hayvanlar şunlardır:

Karadaki en hızlı hayvan: Çita, saatte 113 km.

Sudaki en hızlı hayvan: Dall domuzbalığı, saatte 56 km.

Havadaki en hızlı kuş: Aladoğan, en yüksek dalma hızı saatte 320 kilometre üzeri

Yerdeki en hızlı kuş: Kuzey Afrika devekuşu, saatte 72 km.

En hızlı balık: Yelkenli balık, saatte 109 km.

Çitalar, saatte 72 kilometre hıza 2,5 saniyede erişebilirler.

# KÜRESEL KOŞUCULAR

## *Uzun Mesafe Hayvanları*

KUZEY FİL FOKLARI bilinen bütün memelilerden daha uzun mesafeler arasında seyahat eder. Her yıl Kaliforniya'nın Pasifik kıyılarındaki beslenme alanlarından üreme dönemi için Alaska ve kuzey Pasifik'e kadar olan 20 bin kilometrelik yolu gider ve dönerler.

Erkek albatroslar 33 günü, güney okyanuslarında yiyecek arayarak "denizde" geçirebilirler.

Göçmen kuşlar, iç organlarını tahrip ederek çok büyük mesafeleri uçabilmeyi garanti altına alırlar. Alaska'daki üreme sahasından ta Yeni Zelanda'ya kadar 11 bin kilometre uçan çizgili kuyruklu godwit kuşları *-Limosa lapponica*, uzun bacaklı, iri bir tür kuş- seyahat için ihtiyaç duyduğu fazladan yiyeceği taşıyabilmek için bağırsaklarının, böbreklerinin ve karaciğerinin büyük bölümünden kurtulur. Kuş, hedefine vardıktan sonra organlarını yeniden oluşturur.

Burgulu kurt sineği hayvanlar âleminin en olağanüstü (ve tehlikeli) gezginidir. Bu sineğin larvaları, çiftlik hayvanlarına saldırarak büyük telefata neden olur. Amerika'da kökü kurutulduğunda, uçak ve gemileri kullanarak dünyanın geri kalan bölümüne taşınmıştır.

Salyangozlar doğadaki en başarılı otostopçulardır. Avrupa salyangozları köklerinden 9 bin km. uzakta, Atlantik Okyanusu'ndaki Tristan da Cunha adasında bulunmuşlardır. Cambridge Üniversitesi'nden araştırmacılar salyangozların oralara kadar göçmen kuşlara yapışarak gittiklerini düşünüyor.

İguanalar, Karayipler'de dolaşmak için sal kullanır. Bilim insanları, iguanaların fırtınalar sırasında kopan enkaz parçalarının üzerine ilişerek, adalar arasında 320 kilometreden fazla mesafeleri kat edebildikleri görüşündeler.

Soğuk su balıkları bir kutuptan diğerine sefer yapmalarına gizemli bir şekilde olanak sağlayan gizli bir yola sahip olabilirler. Buzlu güney okyanuslarında yaşayan balıklar tropik sıcak denizlerden geçerek oraya gelmiş olmaları gerekir; ama en kuzeydeki aynı ölçüde soğuk sularda da görülmüşlerdir. Patagonya'da yaşayan, Antarktika'ya özgü bir tür olan "diş balıkları" Grönland'ın batı kıyılarında bulunmuşlardır. Bilim insanları, gezegenin bir ucundan diğerine uzanan buz gibi soğuk ve derin bir su koridoru olabileceğine inanmaktadır.

İmparator kelebeklerinin içsel bir manyetik pusulaları vardır. Bu kelebekler, her sonbaharda hayvanlar âleminin en dikkate değer seyahatlerinden birini yapar; tam dört bin kilometre boyunca kanat çırparak, ABD ve Kanada'da bulunan üreme alanlarından Meksika'da bulunan kışlaklarına giderler. Daha önce hiç orada bulunmamış olmalarına karşın milyonlarca kelebek sağ salim Meksika'ya ulaşır. Bilim insanları, güneş ve manyetik alanları birlikte kullanarak yönlerini bulduklarını düşünüyor. Bu türlü içsel pusulalara sahip diğer hayvanlar arasında balarıları, yabanarıları, bazı balıklar ve kör sıçanların bir türü bulunur.

Pek çok hayvanın yerin manyetik alanlarını izleme yeteneğine sahip olduğu düşünülmesine rağmen, iki hayvan var ki, manyetik yön bulmanın üstatları olarak öne çıkar. Kutup deniz kırlangıcı (*Sterna paradisea*) her yıl, toplam 32 bin km. yol kat ederek güney kutbundaki Antarktika ile kuzey kutbu arasında gider gelir. Bu yolculuk sırasında asla rotasından çıkmaz. Her yıl Güney Amerika açıklarındaki beslenme alanları ile Atlantik'in ortasındaki Ascension adasındaki üreme alanları arasında gidip gelen dişi yeşil kaplumbağalar da olağanüstü gezginler arasındadır. Kaplumbağaların engin okyanusta 2400 km. yol kat ederek genişliği yalnızca 11 km. olan toplu iğne ucu kadar adanın yerini hiç şaşırmaksızın nasıl bulabildikleri sorusunun yanıtını ise henüz kimse bilmemektedir.

Kaliforniya kırmızı karınlı su semenderinin sanki içinde GPS cihazı varmışçasına yuvasını bulmasına yarayan olağanüstü bir yeteneği vardır. Kertenkeleye benzeyen bu yaratıkların duyuları öylesine güçlüdür ki, kilometrelerce öteden yuvasının yolunu bulabilir. Bir kırmızı karınlı semender bir vadide bulunan yuvasından alınmış, 300 metre yüksekliğinde bir dağ aşırılarak yeni bir ortama bırakılmıştır. Yere bırakıldığı anda başını evinin yönüne çeviren semender dönüş yolculuğuna koyulmuştur. Bilim insanları bu pusulanın semenderin burnunda yer alan ve işlevi tam anlaşılamamış bir üçüncü bölmeyle ilişkisi olduğu kanısındadır. Bu üçüncü odacık, diğer ikisi gibi koku alamamaktadır. Kimi araştırmacılar ise semenderlerin bizim henüz anlayamadığımız türden bir farkındalığa sahip olduklarına inanıyor.

Dikenli ıstakozların da yuvalarını bulma konusunda kayda değer bir yetenekleri vardır. Bulundukları yerden alınarak otuz altı kilometre uzakta ve nerede olduklarına ilişkin herhangi bir görsel ipucu içermeyen bir noktaya bırakılan ıstakozlar hemen yönlerini düzeltip tam alındıkları noktaya doğru yola koyulmuşlardır. Bilim insanları, ıstakozların yerin manyetik alanlarının kendilerine sağladığı bir tür harita kullandıklarını düşünüyor.

Bir araya toplanan en büyük çekirge sürüsünün 1889 yılında Kızıldeniz'i geçen sürü olduğu sanılıyor. Bu sürünün kapladığı alan 5 bin kilometrekare, ağırlığı 500 bin ton ve içerdiği çekirge sayısı ise 250 milyardı.

Seyahat etmek, özellikle eğer bir kuş iseniz, zihinde yeni ufuklar açar. Uzun mesafeleri kat eden göçmen kuşların hafızaları, aynı yerde kalma eğiliminde olanlara kıyasla çok daha iyidir. Bilim insanları, göçmen kuşların göç sırasında yollarını bulabilmek amacıyla kullandıkları kurnazlıkların zihinsel kapasitelerini artırdığı kanısındalar. İş, yiyeceklerin saklandığı yeri hatırlamaya gelince çok değişik yetenekte oldukları anlaşılan iki grup çalı bülbülü bulunmuştur. Göçmen bahçe bülbülü yeri bir yıl süreyle hatırlayabildiği halde aynı yerde kalan Sardunya bülbülü iki hafta sonra yiyeceğin yerini unutmuştur.

# DAHA GELMEDİK Mİ?

## *Yeteneksiz Gezginler*

ZÜRAFANIN TELESKOPİK BACAKLARI yürümeden koşmaya anında geçmesi gerektiğini göstermektedir. Yürüyüşünü hızlandırmaya kalkışırsa, tökezler. Bu durumun tembel hayvanın başına gelmesi pek mümkün değildir. O kadar yavaş hareket eder ki, ayaklarının üzerinde mantarlar yetişir.

Karıncalar kireç hatlarını geçemezler; bu yüzden, eğer bir karınca ordusunun yolunu kesmek istiyorsanız yere kireçle bir çizgi çizin. Bunun yanı sıra yemek sodası, vazelin, beyaz sirke, bebek pudrası, bazı kahve çeşitleri de karıncaları uzak tutmakta işe yarayabilir.

Ayı niye yolun karşısına geçti? Büyük ihtimalle erkekti de ondan. Araştırmalar göstermektedir ki, dişi boz ayıların bir yolda karşıdan karşıya geçme ihtimali erkek ayılara kıyasla çok daha azdır.

Yaşlı arılar uçakla deniz aşırı yerlere götürülmeleri halinde jetlag olmaktadır. Yaşlı arıların güne ilişkin çok güçlü bir içsel ritimleri vardır ve ortamsal değişim yüzünden kafaları karışmaktadır.

On Birinci Bölüm

# Evrimin Çocukları

## Doğanın Başarıları ve Fiyaskoları

BÜTÜN HAYVANLAR adına evrim dediğimiz muazzam deneme yanılma oyununun birer ürünüdür. Her bir tür değişen koşullarla yüz yüze gelmiş, ya uyum sağlamış ya da başarısız olmuştur. Doğanın geliştirdiği kimi çözümler gerçekten mucizevîdir. Ancak bazıları, en azından insan gözüne, hâlâ giderilmesi gereken aksaklıklar, denenme aşamasındaki işler gibi görülüyor.

Şimdi, son olarak, Doğa Ana'nın en başarılı işleri ve en büyük fiyaskolarından bazılarından bir derleme.

# TASARIM KLASİKLERİ

## Doğa Ananın En Başarılı İşleri

DERİN DALICI PENGUENLER vurgun yememek için çok zekice bir hile geliştirmiştir. Kral ve Adelie penguenleri insanları etkileyen basınç azalmasından etkilenmeksizin okyanusta yüzlerce metre derinlere dalabilme, oralarda dakikalarca kalabilme ve hızla yüzeye çıkabilme yeteneğine sahiptir. Bu işi, inerken yarı yolda mola vererek ve çıkarken de eğimli açı yapacak bir şekilde ve yavaşça yükselmek suretiyle, akciğerlerinin ortama alışmasını sağlayarak başarırlar.

İmparator penguenleri asla ıslanmaz. Tüyleri yassı, yağlı ve su geçirmezdir ve bu nedenle su vücutlarına nüfuz edemez. Derileri, ayrıca gövde ile tüyler arasında bulunan bir hava boşluğu tarafından da korunur.

Devekuşlarının günün en sıcak saatlerinde bacaklarını serinletmek için kullandıkları çok basit ancak dâhice bir yöntemleri vardır: Bacaklarına işerler.

Örümcekler öylesine esnek ağlar örer ki, başlangıçtaki boyunun dört katına kadar esneyebilir ve hiç sarkmadan eski haline dönebilir.

Timsahlar nefeslerini su altında bir saatten fazla tutabilir. Bu sırada kanlarında biriken karbondioksit minik bikarbonat iyonlarına dönüştürülür. Bu da, timsahların kırmızı kan hücrelerinde bulunan oksijen taşıyıcı hemoglobinlerin yaşamsal oksijeni timsahın sistemine salmasını tetikler.

Kuşlarda kanser olma oranı memelilerin yarısıdır.

Arizona'da yaşayan çizgili kertenkele doğadaki renk kodlu termometredir. Sabahları sıcaklık azken kertenkelenin karnındaki ve boynundaki renkli benekler yeşildir. Güneş yükseldikçe renk turkuaza döner. Güneşin en parlak ve sıcaklığın en yüksek olduğu sıralarda ise bu benekler parlak bir kobalt mavisine dönüşür.

En müthiş sıcaklık göstergesi ağaç cırcır böceğidir. Sıcak ve soğuk doğrudan cırcır böceğinin cırlama derecesini etkiler; öyle ki, eğer bir cırcırböceğinin 15 saniye içinde çıkardığı cırlama sesini sayar ve buna 39 eklerseniz ortamın fahrenheit cinsinden sıcaklığı bulursunuz. Bu yüzden kimi yerlerde cırcır böceğine "fakir termometresi" denmesine şaşmamak gerekir.

Afrika çöllerinde yaşayan bir böcek susuzluğunu benzersiz bir yöntemle giderir: Arka tarafıyla su içer. *Stenocara* cinsi böcek, dünyanın en sıcak çöllerinden biri olan Namibya Çölü'nde yaşamak zorundadır. Buradaki yegâne su kaynağı ise sabah sisidir. Böcek, sabah esintisine arkasını dönerek, özellikle çıkıntılı arka tarafında nem taneciklerinin birikmesini sağlar. Toplanan nem daha sonra damlalar halinde arkadaki mandibulaların içine akar.

Bir timsah, çenelerini kilitlediğinde dokuz yüz kilogram civarında güç uygular ki, bu da, insanlar çenelerini kenetlediklerinde ortaya çıkan gücün on katıdır.

Bir filin gövdesinde kırk bin kas bulunur. İnsan gövdesi ise sadece altı yüz elli kas içerir.

Adını ünlü seyyahtan alan dev Marko Polo koyunlarının müthiş uzun boynuzları vardır. Afganistan'ın yüksek dağlarında yaşayan bu koyunların boynuzlarının uzunluğu bütün diğer koyunlardan fazladır ve iki metreye ulaşabilir.

Yarasa ve zürafaların boyunlarında aynı sayıda omur bulunur: Yedi. Çoğu diğer memelinin boynunda da yedi omur vardır. Kuğu boynundaki omur sayısı ise yirmi beştir.

Sıradan ağaç kurbağaları kendilerini bir buz küpüne dönüştürerek kutup soğuklarına dayanabilir. Kurbağa, gövdesindeki sıvıların üçte ikisini dondurarak kalbini, beynini ve soluma işlevlerini durdurur ve metabolizmasını yavaşlatır. Kurbağanın vücut sıcaklığı -7 santigrat derecenin altına düşmediği sürece sisteminde bulunan glikozu kullanarak bahar gelinceye kadar yaşayabilir.

Benzer şekilde, bazı Amerikan timsahı türleri burunlarını dondurur ve böylece burun deliklerinin sürekli soluk almasını sağlayarak kışı geçirebilirler.

Okyanusların derin kesimlerinde yiyecek azdır ve buralarda yaşayan hayvanlar da buna uyum sağlamıştır. Şemsiye ağızlı gulper yılanbalıklarının genişleyebilen bir ağız ve midesi vardır ve böylece kendisinden büyük avları yutabilirler.

Örümcekler yedi fakhı tür ipek üretebilir; avlarını yakalamak için kullandıkları çok yapışkan türlerden kendilerini taşıması için dokudukları inanılmaz derecede dayanıklı ipçiklere kadar bu ağların çeşitleri vardır. Çoğu örümcek farklı türden ipekler üretebilmesine karşın yedi türün tamamını da üretebilen bir örümcek türü bulunmamaktadır.

Rhesus maymunlarının yanaklarında kullanışlı küçük cepler vardır. Bu cepleri, acıktıklarında yemek üzere atıştırmalık yiyecek saklamak amacıyla kullanırlar.

Görünüşe göre, köpekbalıkları asla hasta olmayan yegâne hayvan türüdür. Bilindiği kadarıyla, kanser dahil, bildiğimiz bütün hastalıklara karşı bağışıklıkları vardır. Yitirdikleri dişlerini yirmi dört saat gibi kısa bir sürede yerine koyabilme yetenekleri ise gıpta edilecek bir diğer özellikleridir. Bir köpekbalığı hayatı boyunca binlerce diş kullanabilir. Bazı köpekbalıklarının sorunu, solungaçlarından geçen sudan oksijen soluyabilmek için durmaksızın yüzmek zorunda olmasıdır. Ayrıca, bu köpekbalıkları sudan daha yoğun olduklarından yüzmedikleri takdirde dibe çökerler. Bu yüzden, köpekbalıklarının arada bir dinlenerek hiç uyumuyor olmalarına şaşmamak gerekir.

Bir gergedan böceği sırtında kendi ağırlığının 850 katına kadar ağırlık taşıyabilir. Bu, bir insanın yetmiş altı tane orta boy otomobili taşımasına eşdeğer bir şeydir. Eğer gergedan böceği, böcek âleminin en güçlü delikanlısı ise tükürük böceği de en müthiş atletidir. Bitki özlerini emerek beslenen tükürük böceği yalnızca altı milimetre boyundadır ve buna rağmen bir mancınık yöntemi kullanarak kendisini havada 70 santimetreden daha yükseğe fırlatabilir. Bu ise bir insanın 210 metre yüksekliğindeki bir kulenin üzerine zıplayabilmesine eşdeğerdir. Tükürük böceği bunu yaparak yerçekiminin dört yüz katı olan bir güç yaratır. (Biz insanlar yerçekiminin iki ya da üç katı kadar bir güçle zıplar ve yerçekiminin beş katından fazlasına maruz kaldığımızda bayılırız.)

Karıncalar, kendi ağırlıklarının elli katını aşan yükleri hareket ettirebilir ve taşıyabilirler.

Dev pandalar bambuları daha ustalıkla tutmalarına yarayan bir "altıncı parmak" evrimleştirmiştir. Başparmağa benzeyen parmak, bilek eklemindeki susama benzeyen kemiğin bir uzantısı olarak gelişmiştir. Bu uzantı, gerçek başparmakla birlikte esneyip çalışarak, pandanın bambunun dal ve yapraklarını daha iyi kavramasını sağlar.

Canlı ışıması-biloluminesans- olarak bilinen bir işlem sayesinde bazı hayvanlar kendi ışıklarını üretme yeteneğine sahiptir. Bunun en renkli örneği Brezilya'da yaşayan bir kurtçuk türüdür. Kafasından kırmızı ve yanlarından aşağı doğru da yeşil ışık yayar. Lakabı tren yolu kurdudur.

Kısa kuyruklu Hawaii mürekkepbalığı düşmanlarından saklanmak için deniz tabanıyla karışıp kendini gizlemek üzere çok zekice bir yol geliştirmiştir. Hayvanın gövdesinin içinde gümüşsü yansıtıcı levhalar ve ışık yayan bakterilerden oluşan bir ışıma organı vardır. Mürekkepbalığı bu ışıldağı kullanarak, avcı hayvanların çok iyi saklanmış avların bile yerlerini tespit etmelerini sağlayan ipuçlarından birini, yani gölgesini saklar. Bilim insanları bu ışıma cihazının kopyası olan bir nano teknoloji aygıtının yapılmasının mümkün olup olmadığını araştırmaktalar.

Orkide böceklerinin benzersiz oldukları düşünülüyor. Bu böcekler yiyeceklerini bir pipet yardımıyla emerler. Yiyeceklerini çabucak içen diğer böceklerin aksine orkide böcekleri besinlerini boru şeklindeki hortumlarını kullanarak içlerine çekerler.

Galapagos Adaları'nda yaşayan bir iguana türü el altındaki yiyecek miktarına uygun olarak boyutlarını değiştirebilir. Kendisini inanılmaz ölçüde küçültebilen deniz iguanası, yiyecek az olduğunda gövdesini yüzde 20 oranında büzebilir. Ancak yiyecek yeniden bollaştığında orijinal boyutlarına geri döner. Bu deniz iguanası, ağırlığını bu şekilde değiştirebildiği bilinen yegâne omurgalı hayvandır.

Kobralar tam kurbanlarının iki gözünün ortasını hedef alır. Mozambik kobrası ve kara boyunlu tüküren kobra gibi türler zehirlerini 1,2 ila 2,4 metre uzağa püskürtebilen su tabancalarına eşit bir güçle püskürtebilirler. Araştırmalar, yılanların genellikle hareket eden yüzlere tükürdüklerini göstermektedir.

Sırtlanlar bütün hayvanlar âlemindeki en güçlü diş ve çeneye sahip hayvanlar arasındadır. Açlıktan gözü dönmüş bir sırtlan grubu yirmi dakikadan az zaman içinde 450 kg. ağırlığındaki bir zebradan geriye birkaç parça kemikten başka bir şey bırakmayabilir.

Zürafalar bir nevi varis çorabı giyer. Zürafalar, kalplerinden uzun gövdelerinin kalan kısmına kan pompalayabilmek için karmaşık bir pompalama sistemiyle donanmıştır. Kalpleri, kendi boyutlarındaki diğer hayvanlara kıyasla iki buçuk kere daha büyüktür ve beyine, bir arabaya yakıt dolduran bir benzin istasyonu pompasına eşdeğer bir güçle kan pompalar. Ancak bir zürafa, su içmek veya beslenmek için eğildiğinde beyni aniden kan basmasını engellemek için bir dizi kapakçık devreye girer. Bu dolaşım sisteminin bir parçası olarak zürafaların derileri bacaklarında çok sıkıdır. Bilim insanları bu yapının, kalpten bacaklara ve sonra da geriye doğru kanın yaptığı uzun yolculuk boyunca ortaya çıkabilecek kan birikmeleri ve pıhtılaşmalarını engellemeye yaradığı kanısındadır. Bacaklardaki sıkı deri, varis çorapları gibi iş görmekte ve kanı sıkıştırarak gövdeye yükselmesini sağlamaktadır.

# CÜCELER VE DEVLER

## *Doğanın Davut ve Golyatları*

MAVİ BALİNANIN kan damarları öylesine geniştir ki, bir çocuk rahatlıkla içlerinde emekleyebilir.

En büyük örümcek, Golyat, kuş yiyen tarantuladır ve Güney Amerika'nın kuzeydoğu kesimlerinde yaşar. Golyat bir servis tabağı büyüklüğünde olabilir ve –adından da anlaşıldığı üzere- kuşları yuvalarından çalabilir.

En küçük örümcek Borneo'da yaşayan "mygalomorph" grubundan bir örümcektir. Bir iğne ucundan daha büyük değildir.

Dünyanın bilinen en küçük balığı Sumatra'da bataklıklarda yaşayan ve "paedoscypris" denilen bir yaratıktır. Ergin olanlarının boyları sekiz milimetreden biraz küçüktür.

Dünyadaki en küçük kertenkele Karayipler'de yaşar ve yalnızca 16 milimetre boyundadır. Küçücük bir madeni para büyüklüğünde görünecek şekilde kıvrılabilir ve bilinen 23 bin sürüngen, kuş ve memeli türünün en küçüğü olduğu düşünülmektedir.

Smithsonian Enstitüsü'ne göre bilinen en büyük böcekler şunlardır:

Karınca: Afrika'da yaşayan safari karıncası, uzunluğu 8 milimetre.

Böcek: Kuzey Amerika'da yaşayan uzunboynuz böceği, uzunluğu 20 santimetre.

Kelebek: Solomon Adaları'nda yaşayan beyaz kuşkanatlı kelebek, kanat açıklığı 30,5 santimetre.

Sinek: Güney Amerika'da yaşayan harami sineği, uzunluğu 6 santimetre.

Pervane: Yeni Gine'de yaşayan herkül imparator pervanesi, kanat açıklığı 27 santimetre.

Smithsonian Enstitüsü'ne göre bilinen en küçük böcekler şunlardır:

Karınca: Sri Lanka karıncası, uzunluğu 0,8 milimetre.

Böcek: Bir noktadan daha küçük olan tüy kanatlı böcek.

Kelebek: Güney Amerika'da yaşayan cüce mavi kelebek, kanat açıklığı 13 milimetre.

Pervane: İngiltere'de yaşayan mikro-lepideptera pervanesi, kanat açıklığı 3 milimetre.

Arı: Fairfly yabanarısı, uzunluğu yalnızca 0.17 milimetre.

Uzun ömürlülük, başarılı bir tasarımın en açık göstergelerinden biri olabilir ve eğer öyleyse kraliçe termit doğadaki yıldızlardan biri sayılmalıdır. Bu böcekler en uzun yaşama süresine sahiptirler. Kraliçe termitlerin elli yıl yaşadığı bilinir ancak kimi araştırmacılar bu sürenin iki katına kadar yaşadıkları kanısındalar.

Denizkestaneleri iki yüz yıl yaşayabilir.

Eğer bir devekuşu yumurtasını haşlamak isterseniz bunun için kırk dakika harcamanız gerekir.

Çok az hayvan *Mola mola* ya da diğer adıyla dev okyanus güneşbalığı kadar hızlı büyür. Dünyadaki en iri kemikli balık olan bu hayvan, doğduğunda bir çakıltaşı şeklinde ve yalnızca 2,5 santimetre büyüklüğündedir. Ancak, yaşamı süresince 4,3 metre enine ve 3 metre boyuna ulaşır. Ergin olanları 1800 kilogram ağırlığındadır ve bu da doğum sırasındaki boyutlarının 60 milyon katı demektir. Bu durum, bir insan yavrusunun erginleştiğinde altı Titanik boyunda olmasına eşdeğerdir.

# TASARIM FELAKETLERİ

## *Doğa Ananın En Büyük Başarısızlıkları*

BAZI HAYVANLAR ağır fiziksel yetersizlikler altında uğraşırlar. Örneğin, domuzların gözleri başlarının iki yanına yerleşmiştir ve bu durum ön tarafı görmelerini kısıtladığı gibi gökyüzüne bakmalarını da fiziksel olarak imkânsız kılar. Benzer şekilde, baykuşların göz yuvarları tüp şeklindedir ve bu nedenle gözlerini yuvalarında döndüremezler. Yan tarafı görebilmek için kafalarını tamamen döndürmek zorundadırlar. Bereket versin, baykuşlar başlarını 270 derece çevirebilme yeteneğine sahiptirler. Kedilerin de yetersizlikleri vardır: Burunlarının ucunu doğrudan göremezler ve bu yüzden yerde, burunlarının ucundaki lokmaları bulamazlar.

Omurgalı hayvanlar arasında en kısa yaşayan hayvan Afrika'dadır; 5 santimetre uzunluğunda küçük bir balık türü olan *Nothobrancius furzeri*'dir: Altı hafta içinde bebeklikten ergenliğe, yetişkinliğe, ebeveynliğe ve yaşlılığa geçer.

Basenjiler havlamayan tek köpek türüdür. Kökleri Mısır firavunlarına kadar giden bu Afrika köpekleri, kendilerini diğer köpeklerin çıkardıkları sesleri çıkarmaktan alıkoyan alışılmadık biçimde birer larenkse sahiptirler. Buna rağmen, ötmekten, kıkırdamaya, ulumaya, hırlamaya, inlemeye kadar bir dizi ses çıkarabilirler. Basenjiler bu sesleri genellikle mutlu olduklarını göstermek için çıkarırlar.

"Boğaya kırmızı pelerin sallamak" deyimi anlamsızdır. Pek çok diğer hayvan gibi boğalar da yalnızca renk tayfındaki iki pigmenti ayırt edebilir: Mavi ve kırmızı ile yeşilin bir karışımı. Bunun sonucu her şeyin grinin tonları halinde görülmesidir. Matadora saldırırlar çünkü pelerinin dramatik savruluşları dikkatlerini çeker. Pelerinin pembe ya da parlak sarı olması herhangi bir fark yaratmaz.

Havyanlar da insan hastalıklarının pek çoğundan muzdariptir. Örneğin, köpek türlerinin çoğu sivilce çıkarır. Kısa tüylü, boxer, buldog ve dobermann gibi köpek türleri buna en teşne türlerdir. İnsanlarda olduğu gibi, köpeklerde de sivilceler yüzde, özellikle de çenede çıkar.

Dalmaçyalı köpekler bir tür gut hastalığına yakalanırlar. Köpekler arasında, ürik asidi parçalayan bir enzim olan urikaz enzimine sahip olmayan biricik tür dalmaçyalılardır. Sonuç olarak ürik asit eklemlerde birikir ve böbrek taşlarına yol açar. Bu maddeyi bol miktarda içeren kırmızı eti çok yiyen dalmaçyalılar özellikle risk altındadır. İnsanlarda olduğu gibi, orta yaşlı erkekler bu hastalığa daha çok eğilimlidir. Kuyruksuz maymunlar ve Gine domuzları da gut hastalığına yakalanma eğilimindedir.

Bazı veterinerler, insanların kedilerde astıma yol açtığı kanısındadır. Kedigiller sigara dumanı, ev tozları, çer çöp, hatta insan saçı kepeğine maruz kaldıklarında astım olabilir. Siyam kedileri gibi Asya türleri ve bir ila beş yaş arasındaki kedilerin astım olma ihtimali daha yüksektir.

Ev kedileri de pasif sigara içiciliğinden muzdarip olabilirler. Araştırmalara göre, sigara içenlerle yaşayan kedilerin bir kanser türü olan non-Hoçkin lenfomaya yakalanma riskleri iki kat artmaktadır.

Dağ gelincikleri insan mikroplarına özellikle duyarlıdır. Gelincikler insanlardan soğuk algınlığı bulaşabilen az sayıdaki tür arasında yer alır.

Lemmingler (kutup sıçanı) intihar etmezler, en azından insanların onlara yakıştırdığı biçimde. Bu kemirgenlerin aşırı nüfus artışı olduğunda kendilerini uçurumdan attıkları doğru değildir. Ancak lemminglerin aşırı üreme alışkanlıkları, onları erminler, kutup tilkileri, kar baykuşları ve uzun kuyruklu skua denilen deniz kuşları gibi aç avcılar için iyi hedef haline getirir. Sonuç olarak, Grönland gibi alanlarda yaşayan lemming toplulukları karadan, denizden ya da havadan saldırıya uğradıklarında görülmeye değer bir şekilde yükselir ve düşerler.

Koca kalçalı koyunlar ender bir genetik özelliğe sahiptir. Araştırmacılar, arka bacaklarının üst kısımları alışılmadık biçimde iri olan koyunların normalde olması gerektiği gibi besinleri yağa çevirmek yerine kasa çeviren anormal bir gene sahip olduklarını ortaya çıkarmıştır. Bu kasa bilim insanları "callypyge" adını vermişlerdir. Bu isim Yunanca "güzel kalçalar" anlamına gelen bir sözcükten alınmıştır.

Bir kertenkele ele alınarak iki gözünün arası ya da yerde ters çevrilerek karnı okşanacak olursa hareketsiz kalır ve bir tür trans haline girer. Bunun hipnotik bir durum mu olduğu, yoksa kertenkelenin ölü taklidi mi yaptığı henüz açıklığa kavuşmamıştır.

Bir tavuğun başını kanadının altına soktuktan sonra, onu yavaşça bir daire şeklinde hareket ettirecek olursanız hipnotize olmuş gibi bir hale sokabilirsiniz.

Bir koyun sırt üstü yatarak kendini öldürebilir. Bu durum koyunların tüylerinin iyice kaşındırıcı bir hal aldığı yaz başlarında, koyunlar kırkılmadan önce, özellikle önemli bir sorundur. Koyunlar sırt üstü yatarak kaşınmaktan kendilerini alamazlar ancak derinin ağırlığı öyle bir haldedir ki yeniden ayaklarının üzerine doğrulamaz. Eğer bu şekilde sırtüstü bırakılırsa iki yoldan biriyle ölür: Ya saksağan veya martılar gözlerini oyar ya da şişer; ki bu da midesini bir sıcak hava balonu gibi şişirecek biçimde ölümcül gaz birikimi demektir.

Armadillolar, insanlar dışında cüzama yakalanan yegâne hayvan çeşididir.

Çoğu böceklerin insan topluluklarına kimi ekonomik ya da çevresel yararları olduğu bilinmektedir. Örneğin, dünyadaki hasadın üçte birinin- ki yıllık değeri 117 milyar dolardır- arılar ve diğer böceklerin sağladığı tozlaşma sayesinde olduğu tahmin edilmektedir. Ancak, hamamböcekleri herhangi bir yararı olmayan az sayıdaki böcek türü arasındadır.

İnsanların neden olduğu kirletici maddelerin hayvanlar üzerinde tuhaf etkileri vardır. Zararlı otları öldüren kimyasallar, erkek kurbağaları hermafrodit ve aynı zamanda olağan olarak hermafrodit olan balıkları da dişiye dönüştürür. Böcek öldürücü ilaçlara maruz kalan sığırcıklar daha az ötmeye başlar ve su semenderleri eşlerini koklayarak bulma yetilerini yitirirler. DDT erkek martıları eşcinsel yaparken başka kimyasallar da kırmızı balıkların hiperaktif olmasına ve maymunların daha saldırgan biçimde dövüşmesine yol açar. Çok fazla kurşuna maruz kalmak martılarda denge kayıplarına ve düşmelere neden olur.

Koalaların neredeyse insanlarınkine denk parmak izleri vardır. Koalaların parmaklarında da aynı spiral, halka ve kavis karışımları bulunur ve bunlar herhangi bir şempanze türününkinden ziyade bizim parmak izlerimize benzer. Bu tüyler ürperten benzerlik öylesine büyüktür ki, Avustralya'daki adli tıp uzmanlarının kafalarının karışmasına neden olur.

İki baş bir baştan iyi değildir. En azından yılan değilseniz. İki başlı yılanlar sıra dışı varlıklar değildir. Bunlar da, insanlardaki siyam ikizleriyle benzer şekilde gelişirler. Bir embriyo tek yumurta ikizi oluşturmak üzere bölünmeye başlayıp, bölünme sürecini tamamlayamadığında çift başlı yılanlar ortaya çıkar.

Bu ikiz kardeşler birbirlerine pek az sevgi gösterir. Doğrusu, siyam ikizi yılanlar durmadan kavga ederler ve kavga konusu genellikle yiyecek olur. Bir av yakaladıklarında avı kim mideye indirecek diye kavga ederler ve eğer biri diğer kafada yasaklanmış bir yiyecek kırıntısı yakalayacak olsa diğerini bütün bütün yutmaya kalkışır. Her iki kafa, ayrıca, hangi yöne gidecekleri konusunda da kavgaya tutuşur ve bu da onları avcılar için kolay hedef haline getirir. Bu yüzden, iki başlı yılanların hayatta kalma şansının sıfır olması pek şaşırtıcı sayılmasa gerekir.

Batı gri kanguruları iğrenç kokulu kanguru olarak bilinir. Bu kanguruların erkekleri tuhaf, köriye benzeyen bir koku yayarlar. Nedenini tam olarak bilen kimse yoktur.

# Sonsöz

Doğal dünya ne kadar açıklığa kavuşursa o kadar esrarengiz ve harikulade görünür. Umarım, okuduğunuz sayfalar, hayvanlar âlemi hakkında az bilinen ilginç noktalara ışık tutmuştur. Ancak, çok daha esrarengiz şeyler, hâlâ daha saklı durmaktadır. Yaşamın yüzde 90'ının, örneğin, halen okyanusların karanlık ve meçhul derinliklerinde, bilim tarafından keşfedilmeyi beklediği düşünülüyor.

Hayvan zekâsı, duyusal algıları ve iletişimi gibi çeşitli alanlarda yapılan araştırmalar bizim insan dışındaki yaşamlara ilişkin algılarımızı beklenmedik bir hızla değiştiriyor. Bir sonraki adımda neler öğreneceğimizi kim bilebilir?

Ancak her şeye rağmen bir şey kesindir: Yaşam, en azından insan zihni için sonsuz biçimler halinde, bazen hayranlık uyandıran ve bazen da son derece şaşırtıcı bir biçimde evrimleşmeye devam edecek. Büyük genetikçi J.B.S Haldane'in ünlü deyişinde olduğu gibi: "Evren yalnızca bizim sandığımızdan daha tuhaf değildir, aslında bizim tahmin edebileceğimizden de daha tuhaftır."

# Yazarın Notu ve Katkı Belirtme

Öncelikle Gillon Aitken Associates yayınlarındaki temsilcim Mary Panchos'a teşekkür etmeliyim. "Hayvanlara ilişkin tuhaf gerçekler hakkında küçük bir kitap" yazmam Mary'nin fikriydi ve en başından itibaren, özellikle başta Gillon Aitken ve Sally Riley olmak üzere, tabii Dea Browning ve James Pusey de dahil, herkesle birlikte bana müthiş cesaret verdiler. Hepsine minnettarım.

Kitap için çalışmaya başladığımda kendime bazı temel kurallar koydum. Gerçekler esaslı bilimsel kaynaklara dayanacak ama bilime aşina olmayan okuyucunun gözünü korkutmamak için fazla karmaşık olmayacaktı. Hiçbir şehir efsanesi kitaba konulmayacak ve örnekler olabildiğince insanların dünyasından değil, doğal hayattan alınacaktı. Eğer arada bir bu iki kuraldan şaşmışsam, gözden kaçırılmayacak kadar iyi olan kimi lokmaları kaçırmamak için olmuştur Örneğin, ayıların kapılarını açması için insanları kandırması yahut sirk fillerinin votka düşkünlüğü bilimsel dergilerde değil, itibarlı haber ajanslarınun bültenlerinde rapor edilmiştir. Titiz okuyuculardan özür dilerim.

Bu amaca ulaşmaya çabalarken en büyük yardımı Londra Üniversitesi, Queen Mary Biyolojik ve Kimyasal Bilimler Okulu'nda evrim biyologu olan dostum Dr. Steven le Comber'dan aldım. Bunu bazen *Journal of Experimental Biology*'nın (Deneysel Biyoloji Dergisi) son sayısını elime tutuşturarak, bazen de beni böceklerin metan emisyonu hakkında dünya çapında bir uzmana yönlendirerek yaptı. (Bu uzman hamamböceklerinin her on beş dakikada bir yellendiklerine dair şehir efsanesini üzülerek yerle bir etti.) Steve, benim için her zaman hazır ve coşkulu bir bilimsel kaynak oldu. Bu arada, kendisi büyükanne yarasaların torunlarıyla aynı cinsel eşleri paylaştığını ortaya çıkaran ekibin üyelerinden biriydi. Bir keresinde, bana bu kuşaklar arası üremenin yol açtığı son derece çapraşık aile ilişkilerini açıklamıştı. Ayrıntılar büyüleyici olmasına karşın bariz bir şekilde "çok fazla karmaşık" türden bilgilerdi. Bu konuşmanın ardından günlerce beynim zonkladı.

Mesleki açıdan büyük teşekkür borçlu olduğum bir diğer kişi *Transworld*'deki editörüm ve yayıncım Francesca Liversidge'dir. Biriktirdiğim birbiriyle ilişkisiz olgular yığınına şekil vermeye çalıştığım esnada rehberliğinin, sağduyusunun (ve sık sık da mizah duygusunun) katkıları paha biçilmez olmuştur. Amerika'daki yayıncım, New York'ta bulunan *Free Press*'ten Martha Levin ve Maria Bruk Auperin'in de son kopyayı düzeltmekte büyük yardımları oldu. Burada, Londra'da kitabın tasarımını büyük bir başarıyla yapan Claire Ward ve başta Miriam Rosenbloom ve Gavin Morris olmak üzere, sanat ekibine teşekkürlerimi sunmak isterim. Bu arada Stephanie von Reistwitz'e de harikulade çizimleri için teşekkür etmek isterim.

Son olarak aileme teşekkür etmeliyim. Karım Cliene ve küçük oğlum Thomas araştırma ve yazım aşamalarında beni coşkuyla desteklediler; ancak, o sırada sekiz yaşında olan kızım Gabriella'ya ayrıca şükran borçluyum. En başından itibaren, hayvanların bu kadar tuhaf davranabilmesinden büyülenmiş olarak, her gün okula götürmek için "yeni bir saçma olgu" ister oldu. Her gün kendisine bir grup örnek sundum ve o aralarından birini seçti. Sunduğum olgular arasında seçim yaparken "yeterince komik değil" veya daha fenası "bunu herkes bilir" diyerek şaşmaz bir redaksiyon yeteneği sergiledi. Hiçbir yazar böylesi geliştirici bir ustadan yoksun kalmamalıdır. Teşekkürler Gabs. Ve şunu da kabul etmeliyim ki, ben de en çok yellenen ringa balıklarını sevdim.

**Augustus Brown**, Londra

# KAYNAKLAR

**Kısaltmalar**

AB *Animal Behaviour* / Hayvan Dergisi

ADW*Animal Diversity Web* / Hayvanlar Âlemi Ağı

BL*Biology Letters* / Biyoloji Dergisi

IW*International Wildlife* / Vahşi Yaşam Dergisi

JEB/DBD *Journal of Experimental Biology* / Deneysel Biyoloji Dergisi

Nften*Naturwissenschaften* / Doğa Bilimleri Dergisi

NG*National Geographic* / Doğa Dergisi

NGN*Natioal Geographic News* / Doğa Haberleri

NS*New Scientist* / Bilimsel Dergi

PA*Press Association* / Basın Kurumu

PNAS*Proceedings of the National Academy of Sciences* (US) / Ulusal Bilimler Akademisi Raporları (ABD)

PRS*Proceedings of the Royal Society* (UK) / Kraliyet Cemiyeti Raporları (İngiltere)

S.A.*Scientific American* / Bilimsel Dergi

SD*Scientific Daily* / Günlük Bilimsel Gazete

SI *Smithsonian Institution* / Smithsonian Enstitüsü

SN*Science News* / Bilim Haberleri Dergisi

ZG*ZooGoer* / Hayvanat Bahçesi Dergisi